JESUS, QUEM É?

O messias diferente

Rita Maria Gomes

JESUS, QUEM É?

O messias diferente

Coleção FAJE

Edições Loyola

Dados Internacionais de Catalogação na Publicação (CIP)
(Câmara Brasileira do Livro, SP, Brasil)

Gomes, Rita Maria

Jesus, quem é? O messias diferente / Rita Maria Gomes. -- São Paulo : Edições Loyola, 2023. -- (Coleção FAJE)

Bibliografia.
ISBN 978-65-5504-290-0

1. Bíblia - Novo Testamento 2. Cristologia 3. Eclesiologia 4. Jesus Cristo - Messianismo 5. Messianismo I. Título. II. Série.

23-164477   CDD-232

Índices para catálogo sistemático:

1. Jesus Cristo : Cristologia   232

Eliane de Freitas Leite - Bibliotecária - CRB 8/8415

Conselho Editorial da COLEÇÃO FAJE
Prof. Dr. César Andrade Alves, SJ (Diretor)
Profa. Dra. Marly Carvalho Soares (Filosofia/UECE)
Profa. Dra. Miriam Campolina Diniz Peixoto (Filosofia/UFMG)
Prof. Dr. Alfredo Sampaio Costa, SJ (Teologia/FAJE)
Prof. Dr. Cláudio Vianney Malzoni (Teologia/Unicap)

Capa: Ronaldo Hideo Inoue
Logotipo da *Coleção FAJE*: montagem a partir
das imagens de © araelf, © S. Mohr Photography
e © sveta. © Adobe Stock.
Diagramação: Sowai Tam

A revisão do texto desta obra é de
total responsabilidade da Faculdade Jesuíta de
Filosofia e Teologia – FAJE.

Edições Loyola Jesuítas
Rua 1822, 341 – Ipiranga
04216-000 São Paulo, SP
T 55 11 3385 8500/8501 • 2063 4275
editorial@loyola.com.br
vendas@loyola.com.br
www.loyola.com.br

Todos os direitos reservados. Nenhuma parte desta obra pode ser reproduzida ou transmitida por qualquer forma e/ou quaisquer meios (eletrônico ou mecânico, incluindo fotocópia e gravação) ou arquivada em qualquer sistema ou banco de dados sem permissão escrita da Editora.

ISBN 978-65-5504-290-0

© EDIÇÕES LOYOLA, São Paulo, Brasil, 2023

Dedico esta obra à minha mãe Maria Zilá Gomes, mulher de poucos conhecimentos teológicos, mas de fé inabalável em Jesus. Com seu testemunho de vida cristã, ela me ensinou a continuar firme no caminho mesmo quando não entendia as veredas da revelação divina.

Sumário

Prefácio 9

Introdução 15

Capítulo Primeiro
Jesus Messias: o caminho do reconhecimento 21
1.1. A revelação do messias na estrutura narrativa
     de Marcos 23
     1.1.1. Segredo messiânico: eixo teológico do evangelho 25
     1.1.2. Análise teológico-estrutural da cristologia marcana ... 29
     1.1.3. A cristologia presente na primeira parte da
           catequese marcana 33
           1.1.3.1. Cristologia explícita 35
           1.1.3.2. Cristologia implícita 39
1.2. Cristologia "de baixo": Duquoc e o messianismo
     do Servo 41
     1.2.1. Eventos da vida de Jesus 42
     1.2.2. Títulos cristológicos 47
           1.2.2.1. Cristo 49
           1.2.2.2. Filho do Homem 53
           1.2.2.3. Filho de Deus 57

Capítulo Segundo
O messianismo do crucificado 65
2.1. Messianismo: a complexa história de um conceito 66

  2.1.1. Movimentos messiânicos: aspectos políticos
     e religiosos 70
  2.1.2. O caráter triunfante do messianismo........................ 75
  2.1.3. Duquoc e o antimessianismo....................................... 78
2.2. Jesus: o messias diferente... 81
  2.2.1. Estrutura do relato marcano e singularidade
     do messias Jesus.. 82
  2.2.2. A confissão de Cesareia: a tentação do messias........ 88
  2.2.3. Anúncios da paixão: antecedentes da cruz
     do messias... 90
  2.2.4. O messias crucificado: condição singular do
     Filho do Homem 93
    2.2.4.1. A morte do messias: o drama........................ 93
    2.2.4.2. A morte do messias: as razões....................... 98
2.3. O aparente fracasso do messias... 101

Capítulo Terceiro
O lugar do messianismo na cristologia atual.......................... 107

3.1. Estruturas do discurso cristológico 110
  3.1.1. Estrutura espaço-temporal.. 111
  3.1.2. Estrutura kairológica: princípio e fim........................ 112
3.2. A ressurreição: no fim, o começo.. 116
  3.2.1. A ressurreição no testemunho bíblico 116
  3.2.2. A ressurreição na dogmática.. 120
3.3. A abordagem do messianismo nas cristologias de
  Duquoc e Lauret... 126
  3.3.1. A reinterpretação do messianismo segundo
     Duquoc.. 126
  3.3.2. A cristologia messiânica de Lauret 132
3.4. O caminho messiânico: cristologia do Espírito................. 136

Conclusão.. 155

Referências... 161

Prefácio

Num texto fácil de ser lido, a autora, Rita Maria Gomes, nos apresenta sua pesquisa realizada anos atrás, em seu mestrado na Faculdade Jesuíta de Teologia e Filosofia, que nasceu da sua prática de cristã. Essa prática sempre suscitou questões às comunidades de fé, e posteriormente os teólogos se juntaram a elas, para obtenção de respostas capazes de manter a unidade, veracidade e autêntica vivência cristã a cada época.

As questões levantadas pela autora identificam uma tensão entre uma fé que ensina valores éticos, cujo fundamento é "o amor sem limites de Deus, manifestado em Jesus Cristo", e a realidade vivida "num mundo orientado para a busca da vitória", entendida não como vitória do amor divino ilimitado, mas como sucesso material. Essa tensão levaria a duas atitudes opostas do cristão: uma baseada "no relaxamento ou completo distanciamento da Igreja, ou o contrário, uma vivência desencarnada da realidade, o espiritualismo".

Nessa oposição de dois modelos de cristãos, o desafio que a autora busca enfrentar é entender o cristianismo e o cristão de nosso tempo, duramente criticados pela impossibilidade de reconhecimento do Cristo no testemunho dos seus atuais seguidores.

Mas perguntas fundamentais devem ser respondidas para entender "quem somos nós (os cristãos)?". Considera, então, necessária resposta a uma questão que a antecede, e que sem essa resposta é impossível conhecer a especificidade da identidade do cristão, pois ele se define a partir do conhecimento da identidade de Jesus. Daí a questão fundamental é: "quem é Jesus?".

Nas respostas a essa pergunta estariam as raízes dos problemas dos cristãos no mundo atual. Para respondê-la a autora adota a hipótese de que "não sabemos quem somos, porque não sabemos quem é Jesus". Isso decorre da "perda de uma experiência real com a sua pessoa", e ainda chega a afirmar que "ficamos presos aos enunciados firmados de nossa fé e nos esquecemos de vivê-la". Essa dificuldade de viver a fé teria sua origem no desconhecimento do real messianismo de Jesus.

A obra se concentra, então, em Jesus e seu messianismo. Pergunta-se se é possível identificar o caráter desse messianismo na ação de Jesus; como aconteceu o reconhecimento de Jesus como messias, que releituras aconteceram e que conhecimentos "ajudam a descobrir o Jesus real e desconstruir as imagens distorcidas de Jesus?" Só assim seria possível compreender "quem é Jesus e a implicação de sua pessoa para nós". Esse é, pois, um livro centrado no estudo da figura de Jesus, em sua identidade, e no específico de seu messianismo.

Num mundo onde imperam conflitos, violência, crescente acumulação de riquezas e distância econômico-social, abuso de poder, ameaça à vida através da crise ecológica, a divulgação da "ideia de um messias vitorioso é forte", é tentadora. Mas Jesus, segundo a autora, é portador da mensagem de um messianismo diferente, do qual nunca se ouviu falar e do qual não há exemplo. Este caráter inesperado, sua especificidade, talvez seja a grande dificuldade de compreendê-lo, presente desde os primeiros discípulos, como relatam os evangelhos.

Para essa conclusão de Jesus, messias diferente, o texto faz um percurso através do Evangelho de Marcos, tendo como foco o estudo do messianismo de Jesus. Nesse evangelho, a pergunta central "quem é Jesus?" está presente no primeiro capítulo do livro, que tem como título "Jesus Messias: o caminho do reconhecimento", pois esse reconhecimento é buscado através da primeira parte desse evangelho (Mc 1,1–8,30) até a confissão de Cesareia.

Foi utilizado, então, o eixo do "segredo messiânico", isto é, as várias manifestações em que Jesus pede para não comentarem sobre seus sinais, de modo a manter segredo sobre quem ele era. Além dessa chave de estudo, as relações entre o "segredo messiânico" e a estrutura topográfica (geográfica)-teológica é uma das ferramentas para apresentação de uma cristologia centrada na explicitação do messianismo de Jesus (cristologia explícita) ou nos sinais de seu messianismo, com seus atos de poder (cristologia implícita).

Para essas abordagens explícitas e implícitas do messianismo de Jesus, o texto apresenta ampla bibliografia, mas tendo Christian Duquoc como um dos autores com o qual mais dialoga, em especial com a sua "cristologia de baixo, com o messianismo do servo". Essa cristologia é definida como partindo dos aspectos de vida terrena de Jesus, isto é, do Jesus homem, e não de aspectos divinos (cristologia de cima).

As narrativas do Evangelho de Marcos que serviram de base para estudo do messianismo neste primeiro capítulo foram as do batismo, tentação, pregação, milagres, transfiguração. Para isso são formuladas perguntas fundamentais: "quem é este homem?"; "De onde lhe vem essa autoridade?"; "Como faz essas coisas?". Desse capítulo resulta a resposta à pergunta existente na primeira parte de Marcos: "quem é Jesus?". "É o messias". Completa a análise uma interessante relação entre os títulos usados para Jesus nessa parte de Marcos.

No segundo capítulo a pergunta central é: "Que tipo de messias é Jesus?". Nesse capítulo, inicialmente se fez necessária uma apresentação e discussão sobre o que é messianismo, pois ele não é um fenômeno apenas israelita e cristão. A definição de messianismo não é simples. É fenômeno complexo, com aspectos políticos e religiosos, que também possui aspectos de relação com a escatologia.

Mas no messianismo de Jesus há uma característica distintiva de toda lógica dos messianismos: o fracasso, o escândalo da cruz. Jesus não é um vencedor. Isso exige um enorme esforço de compreensão, para que se consiga entender o seu real messianismo, como um messias justo, solidário com os pobres e sofredores.

Ainda nesse capítulo, o texto faz uma crítica ao conceito de Duquoc sobre o messianismo de Jesus, ao chamá-lo de "antimessianismo" e "antimessias". Para a autora, faz-se necessário conceituar Jesus como o messias diferente, e não como "antimessias". Isso decorre da singularidade do messianismo de Jesus.

Depois dessa conceituação há retorno à análise bíblica da confissão de fé em Cesareia, comparação dos anúncios da paixão, e o desenlace do drama na paixão e morte, no aparente fracasso, conforme o relato de Marcos.

Conclui com a importante afirmação de que "o caráter diferente de Jesus se reflete na integração do sofrimento e morte", ante um "messias esperado", restaurador e vencedor.

O terceiro capítulo se volta para um tema um pouco distinto, pois uma vez que foi conceituado o caráter diferente do messianismo de Jesus, dirige a discussão para um diálogo com a teologia atual, centrado na cristologia. O título do capítulo já apresenta seu objeto: "O lugar do messianismo na cristologia atual".

O capítulo é um diálogo com a cristologia, e começa pela chamada "Terceira questão", que apresenta a pessoa do Jesus histórico como enraizada profundamente na sua cultura e tradição judaicas. Conhecer esses aspectos é necessário para entendê-lo.

O capítulo é o mais teórico do livro, usa bibliografia ampla, sendo um diálogo em maior grau com Bernard Lauret, Christian Duquoc, Luís Ladaria e Xabier Pikaza. Conclui que o messianismo deve estar presente na cristologia como tema importante, e isso exige pensá-la como uma "cristologia do Espírito", pois "não existe messias sem Espírito de Deus e o messias é reconhecido pela presença plena do Espírito".

Para a autora, "o messianismo foi esquecido ou pouco considerado em vários momentos da reflexão cristológica" pelo simples motivo de que Jesus cumpriu a promessa de vinda messiânica. Para ela, "Jesus não abole o messianismo, não o suprime, o leva à plenitude" de uma forma distinta e nova, o que "implica aceitar também o caráter de promessa que ele porta", a sua esperança, a sua Parusia. "É o messias que veio, está vindo e há de vir".

O livro nos faz ver o quanto, talvez, negligenciemos o aspecto messiânico de Jesus, ou quanto o distorçamos. Aceitar, então, uma versão simplista de um messias vencedor, portador apenas de uma esperança de sucesso, significa negar o próprio messias Jesus, diferente, o justo, solidário aos pobres e sofredores, que mais do que sinais de cura e sucesso é portador dos sinais de salvação.

Um livro instigador, indispensável àqueles que desejam adentrar em águas mais profundas. Ou no tema do messianismo. E, talvez, levar os seguidores atuais a revelar, na vida, o rosto desse Jesus que dizem seguir.

Belo Horizonte, 25 de junho de 2022.

Marco Antônio Tourinho Furtado

Introdução

A motivação inicial para a pesquisa que resultou nesta obra nasceu da observação das experiências vividas nas comunidades eclesiais. A expressão da fé em tais comunidades levanta muitas questões sobre a existência cristã: os sujeitos de fé e membros da Igreja de Cristo. Os fiéis, necessariamente, assumem papéis distintos na sociedade: são membros de uma fé com forte orientação ética e sujeitos de um mundo configurado para o que é passageiro; são educados para competir, possuir e ter, para serem vitoriosos sempre.

A fé cristã ensina valores éticos baseados no amor sem limites de Deus, manifestado em Jesus Cristo. A vida de quem crê parece contrária à lógica do mundo orientado para a busca de vitória. A consequência desta tensão leva a duas posturas opostas: o relaxamento ou completo distanciamento da Igreja ou, ao contrário, uma vivência excessivamente desencarnada da realidade, o espiritualismo.

Observando as comunidades muitas vezes não é possível reconhecer ali comunidades cristãs no sentido forte do termo. Frente a tal situação o desafio é compreender quem realmente somos e qual nosso lugar no mundo. A pergunta se torna inevitável: qual cristianismo e qual cristão existem atualmente? As mais duras críticas feitas ao cristianismo se justificavam pelo não reconhecimento do Cristo na vida dos seus seguidores.

Por isso, faz-se necessário responder à seguinte pergunta: quem somos nós? A resposta a esta pergunta exige, antes, a resposta à questão ainda mais fundamental: quem é Jesus? Denominamo-nos cristãos, mas o que isso significa não nos é evidente. A hipótese é a de que não sabemos quem somos, porque não sabemos quem é Jesus. O estranhamento em relação a Jesus se deve à perda de uma experiência real com sua pessoa. Nossa história ao que parece nos levou a substituir nosso revelador-salvador por um ídolo. Ficamos presos aos enunciados bem firmados de nossa fé e nos esquecemos de vivê-la.

Na busca pelo conhecimento de Jesus, que necessita ser feito a cada geração de cristãos, percebe-se a dificuldade na compreensão do messianismo por causa da via aberta por Jesus. Ele extrapola, em sua época, a ideia de messianismo que se havia construído até então. Como, diante da vida de Jesus, foi possível reconhecer o caráter messiânico de sua ação? Como se deu o processo de reconhecimento e quais releituras foram necessárias para tal? Quais conhecimentos estão na base desse contato com Jesus? Em que esses conhecimentos ajudam a descobrir o Jesus real e a desconstruir as imagens, às vezes tão distorcidas, de Jesus Cristo? A análise, aqui apresentada, visa chegar a uma maior compreensão de quem é Jesus e a implicação de sua pessoa para nós.

O título deste livro, *Jesus, quem é? O messias diferente*, aponta para o impacto causado pela pessoa de

Jesus no próprio conceito de messianismo. O título indica que Jesus revela um messianismo do qual não se tinha ouvido falar, e que quebra as expectativas vigentes até aquele momento. O conteúdo aqui presente visa contribuir para a percepção do modo como Jesus se revelou aos seus seguidores e como esses chegaram a confessá-lo seu salvador, o messias enviado por Deus. Visa ainda a contribuir para um melhor entendimento de como a existência de Jesus, sua vida particular, incide na vida de milhões de seres humanos, por mais de dois mil anos. Esta questão abre o espaço para a reflexão teológica sobre o Cristo, buscando entender de que maneira a vida e a morte desse homem não tenham ficado, apenas, no evento histórico marcado pelo tempo cronológico "naquele tempo", mas, ainda gerem consequências até nossos dias.

Isso leva a outra consideração importante, pois este não é o primeiro livro dedicado ao tema da pessoa de Jesus no Evangelho de Marcos. Em 2020, publicamos pelas Edições Loyola a obra *Marcos: o evangelho do Messias inaudito*, na Coleção Bíblica Loyola. Embora a temática de fundo seja a mesma, essas obras diferem consideravelmente. A principal diferença é de ordem metodológica, pois aqui buscamos refletir a cristologia marcana em diálogo com autores sistemáticos, ou seja, com foco no conceito de messianismo tanto na fonte, Marcos, quanto nos teóricos de nosso tempo. Na obra de 2020, o foco está inteiramente na análise exegético-literária do texto bíblico e em sua intertextualidade. Por isso o primeiro capítulo aborda o texto que inspira a releitura feita por Marcos do messias profético na pessoa de Jesus a partir da figura do profeta Eliseu. O segundo apresenta a análise literária do texto evangélico para demonstrar o enraizamento da personagem Jesus na grande tradição do profetismo popular. O terceiro considera a releitura marcana das promessas messiânicas no profetismo do período das sínteses proféticas quando os livros são atribuídos a alguns profetas. Nesse ponto, destacam-se os profetas Isaías e Daniel pela releitura do Filho do Homem daniélico pela figura do Servo Sofredor de Isaías. Nada disso está no horizonte da obra que agora apresentamos.

Nesta obra, *Jesus, quem é? O messias diferente*, temos como tema principal a inversão ou transformação do conceito de messianismo. A temática do messianismo, por si só, é muito ampla e seria um trabalho gigantesco tratar do messianismo de modo geral. Em vista de uma delimitação, na obra aqui apresentada, não há uma reflexão sobre o tema no período intertestamentário, nem no Antigo Testamento, a não ser quando houver alusões aos mesmos para fundamentar a concepção do messianismo que originou a releitura cristã. Este estudo se atém à abordagem do Evangelho de Marcos, lido em chave narrativa, e aos comentadores dele, bem como ao estudo de autores modernos sobre a reflexão cristológica. A partir do Evangelho de Marcos, e do estudo das cristologias de Christian Duquoc e Bernard Lauret, aventura-se pensar a pessoa de Jesus como messias.

No primeiro capítulo, busca-se reconhecer o messias esperado na pessoa de Jesus através de seu ensinamento e ação. Assim, a estruturação deste estudo segue a divisão pedagógica do Evangelho de Marcos. O Evangelho dá a base para a nossa aproximação à reflexão dos autores modernos sobre o tema. Nosso contato inicial com a pessoa de Jesus virá desse percurso. Considera-se a estrutura do Evangelho buscando a revelação do messias. Nesse processo, o segredo messiânico ocupa um posto importante, ele será o parâmetro da aproximação ou não do reconhecimento messiânico. Ainda no primeiro capítulo, reflete-se a cristologia que se apreende do uso dos títulos messiânicos.

No segundo capítulo, aborda-se o caráter surpreendente do messianismo de Jesus, ou seja, o caminho da cruz. Antes, porém, considera-se o messianismo a partir de seu conceito. Que sentido esse termo carrega? Que possíveis concepções ele aporta? Procura-se perceber como o evangelista Marcos apresenta o messias, articulando a paixão e a morte de Jesus ao messianismo e ainda como trata o aparente fracasso do messias.

Por fim, no terceiro capítulo, busca-se entender que lugar ocupa o messianismo na cristologia. Aqui, a questão central passa a ser a compreensão de como foi possível construir um enorme "edifício" sobre a pessoa divina de Jesus Cristo, esquecendo o dado inicial e fundamental, *sua messianidade*. A partir disso, perceber como se pode conciliar a cristologia clássica com as novas abordagens cristológicas, de modo a corrigir possíveis distorções e recuperar dados importantes de nossa fé que foram esquecidos ou obscurecidos.

Em tempos como nosso, em que as injustiças, o abuso de poder e as instituições não garantem vida digna para a maioria das populações, e há constantes guerras pelo controle de bens tanto produzidos quanto naturais, a ideia de um messias vitorioso e forte que venha mudar a situação é bastante tentadora. Mas o messianismo de Jesus muda radicalmente o conceito mesmo de messias. Este livro é um convite a encarar um messianismo diferente. Uma boa leitura é o que desejo a todos e a todas que enfrentarem o desafio de conhecer esse messianismo que é novo, não obstante tenha mais de dois mil anos.

Capítulo Primeiro
Jesus Messias: o caminho do reconhecimento

Para responder à pergunta sempre atual "quem é Jesus?", faz-se necessário considerar o fato de que a identidade de Jesus, confessado Messias, é fundamental para a compreensão de nossa identidade cristã e, consequentemente, para a configuração de nossa vivência eclesial. Disso decorre a exigência de lançar um olhar para a experiência dos primeiros cristãos em seu caminho de reconhecimento da messianidade de Jesus.

Durante longo tempo, o discurso cristológico traçou a reflexão a partir dos títulos de grandeza aplicados a Jesus para entender e explicar uma messianidade "diferente" das expectativas mais desenvolvidas do povo israelita, povo ao qual Jesus pertence. Esse processo, cristalizado na expressão "cristologia de cima", considera a pessoa de Jesus Cristo a partir de sua divindade e procura compreender sua humanidade. Nesse tipo de abordagem, a Escritura figura mais como auxiliar probatório das reflexões ontológicas[1].

---

1. Lauret, Bernard. *Cristología dogmática*. In: Lauret, Bernard; Refoulé, François. *Iniciación a la práctica de la teología*. Tomo II, Madrid: Cristiandad, 1984, p. 248.

Assim, quando a Modernidade faz sua aparição e junto com ela a crítica histórica, ambas passam a influenciar o domínio da teologia. Quando a exegese histórico-crítica se desenvolve como saber autônomo, faz-se necessário pensar a história pessoal de Jesus e o processo que levou os primeiros cristãos a confessá-lo como seu Messias, Senhor e Filho de Deus. Esse percurso da reflexão se denomina "cristologia de baixo" e é, reconhecidamente, o preferido pela maioria dos pensadores modernos. Volta-se ao testemunho escriturístico para dele apreender a revelação que se dá na pessoa de Jesus de Nazaré.

Contudo, é bom se guardar de posturas preconceituosas, que podem ser geradas a partir das expressões "de cima" ou "de baixo". Nenhuma reflexão séria pode se esquivar de considerar criteriosamente a vida e o ensinamento de Jesus como Messias, Filho de Deus; nem da experiência de reconhecer nessa vida "algo mais", expresso na doutrina da Encarnação. O discurso cristológico tem como desafio refletir, de modo unitário, a compreensão da pessoa de Jesus Cristo, sua identidade e sua relação com nossa história, nossa redenção. Por isso buscamos um terceiro caminho em linha messiânica[2].

Como se deu a confissão de fé e o que ela significa, busca-se a partir da consideração do testemunho marcano e da interpretação de sua mensagem no horizonte atual. Abordar-se-á primeiramente o relato marcano. Essa esco-

---

2. Tomamos o termo "caminho" no sentido de método de aproximação da temática, como o faz Moltmann em sua cristologia. Mas, como desenvolvimento, seguimos mais a reflexão bem articulada de LAURET, Bernard, Cristología dogmática, p. 247-414.

lha se fundamenta na posição que o Evangelho segundo Marcos ocupa no Novo Testamento e no fato de ele apresentar uma teologia fundamentalmente cristológica. Num segundo momento, aproximar-se-ão os dados obtidos dessa leitura ao pensamento de alguns autores modernos, especialmente Christian Duquoc e Bernard Lauret, autores que deram uma atenção especial ao tema do messianismo de Jesus.

1.1. A revelação do messias na estrutura narrativa de Marcos

O Evangelho de Marcos será abordado em seu conjunto narrativo, ou seja, como relato. A partir da visão de conjunto da narrativa evangélica, tentamos pontuar os dados mais significativos da cristologia marcana. O segundo evangelho, reconhecido como o mais antigo nesse "gênero", já denuncia em sua estrutura a não intenção do autor em narrar uma biografia de Jesus, como ingenuamente se pensou até a publicação da polêmica obra de William Wrede[3].

O lugar de composição parece ser o dado que menos causa polêmica entre os estudiosos. A probabilidade de ter sido escrito em Roma é aceita sem maiores questionamentos. Sua autoria atribuída a João Marcos, colaborador de Paulo (At 12,12.25) é comumente aceita, mesmo que não se possa ter certeza absoluta. A identificação desse com Marcos, discípulo de Pedro citado em 1 Pedro 5,13 é mais

---

3. William WREDE citado por MINETTE DE TILLESSE, George. *Le secret messianique dans l'évangile de Marc*. Paris: Cerf, 1968. Voltaremos ao assunto mais adiante.

discutida e se deu por razões de reconhecimento da origem apostólica do escrito[4].

O que aparece do autor em seu próprio texto nos aponta para um judeu-cristão de Roma aberto à missão entre os pagãos. Isso nos remete à questão da comunidade para a qual se dirige o evangelista.

Poucos autores se arriscam a falar da comunidade marcana. Em geral ela é tida como uma incógnita, só podendo ser apreendida de forma fugaz pelo texto e o que se sabe da Igreja cristã de Roma. Delorme[5] diz que essa era uma igreja de cristãos vindos do paganismo. Concordam com ele os pensadores que defendem a ideia de uma comunidade gentílica, fundamentando-se no fato de que o evangelista explica costumes judaicos e traduz palavras aramaicas, como é possível verificar em Marcos 7,2-4; 7,34; 15,34. Há ainda quem afirme uma crítica contínua aos "judeus incrédulos" no texto marcano[6]. Mas será isso argumento suficiente para definir essa comunidade? Um estudo do conjunto da obra permite uma afirmação taxativa como essa?

Em nível literário, por hora, digamos que o texto de Marcos é uma narrativa peculiar. Sua narração em forma de drama apresenta uma vivacidade e uma urgência dos acontecimentos que não passam despercebidas. Principalmente porque contrastam com a crueza dos detalhes da narrativa. Podemos falar de uma narrativa em dois planos: o das per-

---

4. Pesch, Rudolf. *Il Vangelo di Marco: introduzione e commento ai cap. 1,1–8,26*. Brescia: Paideia, 1980.

5. Delorme, Jean. *Leitura do Evangelho de Marcos*. São Paulo: Paulus, 1982.

6. Kümmel, Werner Georg. *Introdução ao Novo Testamento*. São Paulo: Paulinas, 1982.

sonagens e o do leitor. Não há um narrador que fala em primeira pessoa e a narração é articulada por um artifício literário que mantém uma tensão em praticamente todo o drama: o "segredo".

O "segredo messiânico" pode ser detectado através de uma visão geral do livro, na qual se percebe em sua primeira parte a pergunta que perpassa o texto: quem é este? (1,1–8,26) e, ainda, outra pergunta: que Reino é esse que ele anuncia? No centro está a resposta: Jesus é o messias (8,29). Na sequência se delineia o "tipo" de messias que é Jesus (8,27–16,20). No segredo messiânico se mantêm uma tensão constante entre a manifestação e o segredo sobre quem é Jesus. Em suas palavras e obras essa constante se expressa. Elas manifestam o Cristo e, ao mesmo tempo, Jesus procura guardar segredo sobre sua identidade messiânica. É desse tema, em particular, que trataremos em seguida.

1.1.1. Segredo messiânico: eixo teológico do evangelho

Em praticamente todas as reflexões, sejam artigos ou livros nos quais atualmente o Evangelho de Marcos é tratado, o "segredo messiânico" aparece como um tema entre outros ou como apêndice, uma vez que se considera o assunto como temática ultrapassada[7].

---

7. Cf. RODRÍGUEZ CARMONA, António. Evangelho segundo Marcos. In: AGUIRRE MONASTERIO, Rafael; RODRÍGUEZ CARMONA, António. *Evangelhos sinóticos e Atos dos Apóstolos*. São Paulo: Ave Maria, 2004, p. 161. Esse autor apresenta, de modo sintético, como anda a questão da interpretação do "segredo messiânico" e conclui a exposição das diferentes opiniões com uma citação de Ulrich LUZ: "o segredo messiânico continua sendo um segredo".

Das particularidades de Marcos, o "segredo messiânico" parece ter sido a mais espinhosa. Os comentadores, em geral, falam do "segredo messiânico" utilizando termos diversos. Alguns são apenas sinônimos, outros parecem mudar um pouco a compreensão do mesmo. Afinal, o "segredo messiânico", no segundo evangelho, é um tema entre outros? Ou é também um artifício literário e como tal tem função fundamental na elaboração e transmissão da mensagem?

Wrede, ao descobrir o "segredo messiânico", gerou uma desilusão nos exegetas e teólogos liberais e, ao mesmo tempo, impulsionou uma busca pelo Evangelho de Marcos, sempre tão menosprezado até então. Vários autores se voltaram para esse evangelho tentando elaborar respostas a Wrede, preocupados com as consequências de sua descoberta. O que se expõe a seguir se baseia essencialmente, na obra de Minette de Tillesse já citada anteriormente.

Por trás da questão se encontra a efervescência da pesquisa do "Jesus histórico". Os exegetas e teólogos pensavam encontrar em Marcos o testemunho mais fiel desse Jesus[8]. Acreditavam que uma "limpeza" da teologia pós-pascal, presente no texto, seria o suficiente para fazer emergir esse Jesus puro, sem as contaminações míticas da fé primitiva.

Wrede afirma que "Marcos é um teólogo desenvolvendo uma tese pré-fabricada e não o simples intérprete de Pedro como se pensava"[9]. E o "segredo" seria a tentativa de

---

8. Marcos era considerado um intérprete de Pedro ou um simples compilador das tradições da Igreja primitiva e não se lhe imputava nenhum trabalho redacional. Ver as obras citadas acima de Rudolf Pesch e Werner Georg Kümel.

9. "Marc n'est pas le naïf interprète de Pierre que l'on s'imaginait, mais um théologien développant systématiquement une thèse pré-

diminuir, ou mesmo acabar, com a distância existente entre a fé pós-pascal da Igreja e o Jesus histórico. O segredo messiânico seria, por isso, uma invenção da Igreja. Segundo Rodríguez Carmona, a explicação do segredo, dada por Wrede, tem como característica ser totalizante, já que pretende explicar todos os casos de Marcos à luz do "segredo messiânico" e ser negativa porque não passa de uma fraude da Igreja para afirmar a messianidade inexistente no Jesus da história[10].

A tese de Wrede criou não poucos problemas para os estudiosos. Ele fundamentou sua tese em Marcos 9,9. Baseado nesse texto, afirma que Jesus nunca falou de sua dignidade messiânica porque não tinha consciência dela e, por isso, Marcos lança para a ressurreição a autorização de assim proclamá-lo. Segundo Lauret, à famosa questão da "consciência messiânica" de Jesus não há uma resposta definitiva em vista da diversidade dos textos e de messias e messianismos[11].

Ao tentar separar o que seria composição de Marcos, ou seja, os resumos, os pequenos acréscimos de unificação e o que seria reflexão teológica das tradições utilizadas pelo evangelista, Wrede demonstrou a importância capital do tema para a compreensão do evangelho. Ao estudar Marcos ele chega à conclusão de que o ponto central da questão

---

fabriquée"; William WREDE citado por MINETTE DE TILLESSE, *Le secret messianique*, p. 12. A tradução de todas as citações das línguas francesa e hispânica neste trabalho é nossa e elas virão acompanhadas do original em pé de página.

10. RODRÍGUEZ CARMONA, Evangelho segundo Marcos, p. 160.

11. LAURET, Bernard. Messianisme et christologie sont-ils compatibles? In: DUPUY, Bernard. *Juifs et chrétiens: un vis-à-vis permanent*, Bruxelles: Facultés Saint-Louis, 1988, p. 134.

não é porque Jesus ocultou sua dignidade messiânica, mas porque o evangelista a apresentou desse modo. Alerta assim para a mudança de perspectiva. Não mais o plano histórico e sim o literário. É preciso analisar Marcos do ponto de vista literário, e não como se tratasse de uma biografia de Jesus.

Segundo Minette de Tillesse, o segredo messiânico é um tema evidenciado em toda parte pelos materiais utilizados por Marcos[12]. É o coração mesmo do Evangelho. O "segredo" faz a unidade do texto marcano no nível teológico, tanto que ao extraí-lo o escrito se torna um apanhado desconectado e ilógico de pequenas partes tradicionais.

Tomamos assim, como o indica o título precedente, o "segredo messiânico" como eixo fundamental da leitura do Evangelho de Marcos. Consideramos com Minette de Tillesse que o segredo messiânico não é somente um, entre outros temas tratados por Marcos. O segredo messiânico figura, na narrativa marcana, como eixo teológico e, como tal, ajuda na tessitura da trama.

O segredo ajuda a estruturar o material tradicional a serviço da mensagem teológica e, associado à exposição topográfico-teológica, forma um quadro vivo e coerente. A geografia de Marcos está também a serviço de sua teologia. Por isso, antes mesmo de buscar a cristologia apresentada pedagogicamente por Marcos, consideraremos o "segredo messiânico" e sua relação com a estrutura topográfico-teológica. É através do esquema de seu relato que Marcos apresenta, passo a passo, o Messias Jesus, introduzindo o leitor na dinâmica do reconhecimento.

---

12. MINETTE DE TILLESSE, *Le secret messianique*, p. 37.

O Evangelho de Marcos apresenta um todo unitário, ao contrário do que se afirma comumente, mesmo sendo muito fiel às suas fontes[13]. Sua grande divisão nos serve de orientação nesse trabalho. Neste capítulo, seguiremos a dinâmica da primeira parte de seu relato. Tentaremos reconhecer quem é este Jesus através de seu ensinamento e ação e no confronto com as reações das pessoas que entram em contato com ele.

1.1.2. Análise teológico-estrutural da cristologia marcana

Há inúmeras propostas de estruturação do evangelho e os grandes estudiosos se encarregam de criar e renegar hipóteses. O texto, assim o cremos, tem vida própria e fala de modo livre ao leitor, que é convidado a fazer a experiência de fé a partir da experiência vivida pelas personagens. Portanto, a abordagem, a estruturação, podem ser propostas, mas não impostas de modo taxativo.

Nenhuma estruturação postulada até agora pelos estudiosos dá conta de toda riqueza desse texto e não pretendemos lançar mais uma. Algumas estruturas propostas são mais amplas e convincentes, outras mais frágeis se vistas isoladamente. Mas todas contribuem se tomadas numa leitura conjunta. A fragilidade de uma única leitura pode ser percebida no caso da proposta de uma estrutura geográfica do evangelho. Isolada, é tão débil e carente de fundamentos que nos perdemos. Mas, se a pensarmos do

---

13. Cf. Pesch, *Il Vangelo di Marco*, p. 101. O autor diz que não se deve esperar uma unidade da mensagem teológica em Marcos.

ponto de vista teológico da narrativa, ela ganha vida e forças. Delorme fala de uma dupla oposição: Galileia x Jerusalém e terra de judeus x terra de pagãos[14]. É possível pensar a partir da segunda oposição no caráter geográfico. Assim, as injunções de silêncio se apresentam em perícopes que relatam uma passagem ou estada em ambientes tipicamente judeus, enquanto a ausência da imposição de silêncio se dá nos lugares reconhecidamente pagãos. Às vezes há o envio a anunciar o evangelho, como no caso do endemoninhado de Gerasa (Mc 5,1-20). Os autores em geral leem esses trechos como uma prova indiscutível de que Marcos escreve para uma comunidade pagã e por isso há uma visão negativa dos judeus. Pensamos, no entanto, que a questão é mais complexa, e que esses dados narrativos não são carentes de significado. Analisando os deslocamentos de Jesus ao longo do Evangelho, percebe-se, entre outras coisas, que a urgência do anúncio, na primeira parte, cede a uma espécie de exposição mais pontuada do messianismo desconcertante, na segunda.

Jesus está em constante movimento. Seus deslocamentos se dão de dois modos: deslocamentos entre cidades ou regiões e deslocamentos de lugares numa mesma região. No primeiro caso, percebemos um movimento crescente no anúncio de Jesus.

Ele começa à beira do mar da Galileia, logo depois do batismo (1,16); chega a Cafarnaum (1,21); deixa Cafarnaum (1,35); passa novamente em Cafarnaum (2,1); outra vez sai em direção ao lago (3,7); outra vez à beira-mar (4,1); Jesus

---

14. DELORME, Jean. *El Evangelio según San Marcos*. Estella: Verbo Divino, 1990, p. 14-15.

passa para a outra margem (4,35); Jesus e os discípulos chegam à outra margem, à região dos gerasenos (5,1); passa novamente para a outra margem (5,21) — supõe-se que volta à Galileia; saindo dali foi para Nazaré (6,1); vai para Betsaida, na outra margem, precedido pelos discípulos (6,45); atravessando o lago foram para Genesaré (6,53); Jesus se pôs a caminho e dali foi para a região de Tiro (7,24); deixa a região de Tiro, passa por Sidônia e continua até o mar da Galileia, atravessando a região da Decápole (7,31); logo em seguida, Jesus entrou no barco com os discípulos e foi para a região de Dalmanuta (8,10); deixando-os, entrou no barco e foi para a outra margem (8,13); chegaram a Betsaida (8,22); Jesus e seus discípulos partiram para Cesareia de Filipe (8,27).

Essas são as indicações narrativas que nos orientam na caminhada de Jesus na primeira parte do relato. Impressiona a constante mudança de Jesus. Duas coisas de modo especial são importantes nessa avaliação. A primeira diz respeito à interpretação referente aos destinatários da mensagem do evangelho, e a segunda, mais significativa, referente à compreensão da pessoa de Jesus.

Quanto aos destinatários, a afirmação de uma comunidade gentílica aparentemente se justifica, uma vez que em seu próprio caminhar aparece a passagem do mundo judeu para o mundo pagão. Podemos dizer que, como todas as comunidades nascentes, a comunidade de Marcos era também composta por judeus e gentios, mas sem dúvida majoritariamente gentílica. Haveria nesse caminhar de Jesus o processo de universalização de seu anúncio. Isto é correto, mas parece simplista. E aqui surge o que pensamos ser o objetivo principal desses deslocamentos progressivos à luz da teoria do segredo messiânico.

Nossa tese é a de que Jesus impõe silêncio, seja aos demônios, seja aos curados e libertos e mesmo aos discípulos, em lugares considerados tipicamente judaicos, pois, para esses é necessário primeiro fazer a desconstrução das ideias messiânicas de cunho nacionalista e político tão em voga no tempo de Jesus. Isso justificaria a historicidade do segredo propriamente messiânico, a partir da reticência de Jesus aos títulos de Messias e Filho de Deus[15].

Um dado ao menos curioso é a referência à região de Dalmanuta, pois não há consenso sobre a localização ou significado desse lugar. As citações nos mais diversos dicionários e enciclopédias bíblicas apresentam opiniões tão diversas a ponto de complicarem mais que explicarem algo sobre o lugar[16].

Pensamos que a citação desse lugar é teológica e não geográfica. Se estivermos certos, o nome Dalmanuta seria uma expressão construída a partir de um nome e um verbo aramaico e significaria "porta da negação" ou "do desvio",

---

15. RODRÍGUEZ CARMONA, Evangelho segundo Marcos, p. 162.
16. As diversas explicações do nome e localização deste lugar são controvertidas. Vão desde os que determinam sua exata localização geográfica aos que reconhecem a necessidade de esperar mais luzes vindas dos estudos filológicos e arqueológicos. A interpretação mais reconhecida vê no nome uma expressão aramaica significando "local de sua residência". Desse modo, Dalmanuta poderia ser Cafarnaum. As mais diversas interpretações podem ser encontradas nas seguintes obras: Grande Enciclopédia Illustrata della Bibbia, PIEME, 1997, vol. 1 (A-F); BALZ, Horst; SCHNEIDER (Ed.). *Diccionario exegético del nuevo testamento*. Salamanca: Sígueme, 1998; YOUNGBLOOD, Ronald F. (Ed.) *Dicionário Ilustrado da Bíblia*, São Paulo: Vida Nova, 2005, vol. 1 (a – k); BOGAERT, Pierre-Maurice et alii. *Dictionnaire encyclopedique de la Bilble*. Belgium: Brepols, 2002; FREEDMAN, David Noel (Ed.) *The Anchor Bible dictionary*. 1992, vol. 2 (D-G).

pois a sequência imediata do texto narra a negação do sinal pedido pelos fariseus, pois conceder o sinal pedido acarretaria o desvio do "tipo" de messianismo de Jesus. Mas esta é apenas uma hipótese de leitura teológica, baseada numa abordagem narrativa. Contudo, a pesquisa sobre esse "lugar" espera maiores luzes.

Nas regiões ditas gentílicas, a atitude de Jesus difere totalmente, como expressa bem o caso do endemoninhado de Gerasa, pois Jesus o envia aos seus para anunciar o que Deus fez por ele[17]. Na libertação da filha da siro-fenícia, não há nenhuma referência a silenciar o ocorrido. Não há necessidade, pois não há risco algum de Jesus ser confundido com o personagem esperado por Israel como seu restaurador político.

1.1.3. A cristologia presente na primeira parte da catequese marcana

Considerando a narrativa marcana como um conjunto apresentando uma intriga bem definida, podemos assinalar os pontos-chave da mensagem de Marcos[18]. A situação inicial é colocada logo no primeiro versículo[19]. A intriga dessa narrativa tem como mola propulsora o cará-

---

17. Segundo MINETTE DE TILLESSE, mesmo aí o segredo permanece, pois, para ele, o anúncio do ex-endemoninhado não terá o alcance ou a divulgação necessária. Cf. *Le secret messianique*, p. 83-87.

18. Para a análise narrativa do texto evangélico seguimos a obra de MARGUERAT, Daniel; BOURQUIN, Yvan. La *Bible se raconte: initation a l'analyse narrative*. Paris: Cerf, 1998.

19. Tomamos aqui o texto canônico e não entraremos nas considerações a respeito da autenticidade ou não desse "título" inicial. Mais sobre o assunto pode ser visto em PESCH, *Il Vangelo di Marco*, 1980.

ter cognitivo. Toda a narrativa visa levar o leitor a conhecer ou reconhecer quem é Jesus.

A ação transformadora, ou o auge da trama, se encontra na confissão de Pedro, bem no centro do Evangelho, e ela muda radicalmente a orientação da narrativa até o seu desfecho com a profissão de fé do centurião romano. Todas as pequenas intrigas episódicas estão a serviço da revelação da identidade de Jesus e de sua messianidade.

Por uma questão didática, nesse momento consideraremos a primeira parte da narrativa de Marcos como um todo. Buscaremos perceber o desenvolvimento da revelação da pessoa de Jesus. O interesse não é fazer um estudo aprofundado do material marcano, mas apenas detectar a cristologia subjacente ao texto, por isso fazemos uma apreciação do conjunto.

O grande arco narrativo se inicia com a abertura[20] do evangelho (1,1) e se fecha com a confissão de Cesareia (8,29). A abertura: "Início do Evangelho de Jesus, Cristo e Filho de Deus". Não devemos nos enganar e considerar apressadamente o nome "Cristo"[21] como nome próprio, em Marcos ele é um aposto, refere-se a Jesus do mesmo modo que a afirmação da filiação divina. Jesus é Messias e Filho de Deus. Essa informação privilegiada a tem apenas o leitor de Marcos, não as personagens de seu drama. Mas, com base nessa informação, cada leitor é chamado a percorrer ou fazer o caminho do discípulo, ir atrás do Mestre, para descobrir naquele Jesus o Messias e o Filho de Deus.

---

20. DELORME, Jean. *Parole et récit évangéliques:* Études sur l'évangile de Marc. Paris: Cerf, 2006, p. 36.
21. CABA, José. *El Jesús de los evangelios.* Madrid: BAC, 1977, p. 12.

Nesse primeiro momento, esse assentimento não passa de uma informação, não tem o caráter de uma confissão de fé, porque não tem ainda sua correspondência na vida de um sujeito concreto. Isto se dará ao longo do caminho, nos deslocamentos, encontros e desencontros (conflitos) de Jesus com seus contemporâneos.

O versículo que fecha esse arco narrativo serve, ao mesmo tempo, de abertura para o segundo e principal ou definitivo arco. O segundo será considerado no próximo capítulo. Por hora basta dizer que naquele momento já é possível reconhecer em Jesus o Messias. Mas será o messias esperado? Como foi possível? O que determinou ou possibilitou a confissão por parte de Pedro?

1.1.3.1. Cristologia explícita

O Evangelho de Marcos é complexo porque em cada pequena parte de sua narrativa se encontra o todo de sua mensagem. Assim, desde a abertura ao fechamento da obra inteira, apresenta-se a teologia marcana, que é primordialmente cristológica. Tudo o que é revelado na primeira parte tem uma correspondente na segunda, de modo mais marcante e definido. O evangelho cria, desse modo, um aprofundamento pedagógico em sua mensagem. Percebe-se uma progressão na revelação da pessoa e missão de Jesus de Nazaré.

A afirmação da messianidade de Jesus e de sua filiação divina nos é dada claramente no v. 1,1 e tem, na confissão de Pedro (8,29), a confirmação da primeira e, na proclamação do centurião (15,39), a confirmação da segunda. Na cena do batismo, encontramos a revelação da filiação divina feita ao próprio Jesus e esta cena tem relação estreita com a cena da transfiguração e da crucificação. Estas cenas são essencialmente trinitárias.

As partes do evangelho são marcadas por cristofanias, nas quais aparecem a afirmação explícita da messianidade e da filiação divinas. As cristofanias apresentam a particularidade de serem narradas num âmbito diverso do vivido pelas personagens do drama, à exceção da crucificação, uma vez que com ela se encerra o "segredo"[22].

A cena do batismo nos revela também outros aspectos da mensagem evangélica. Nela se encontram a investidura messiânica de Jesus com a doação do Espírito e a indicação de sua missão. É o Espírito que unge Jesus e assim autentica sua messianidade. O Messias é o Ungido. É pela unção do Espírito e pela ação do mesmo Espírito que podemos reconhecer em Jesus o Messias. A voz do céu lhe diz: "Tu és meu Filho amado; em ti está meu beneplácito." Esta afirmação evoca o Salmo 2,7 e, igualmente, Isaías 42,1.

O caráter trinitário, portanto teofânico, do relato pode ser apreciado nos detalhes. Os céus rasgados, o descenso do Espírito e a Voz celeste são "lugares apocalípti-

---

22. Cristofania é a terminologia de Minette de Tilllesse em *Le secret messianique*. Pensamos se não seria melhor cunhar outro termo que revelasse a dimensão profundamente trinitária desses relatos. Cristofania tem um peso enorme aqui em vista da afirmação da messianidade de Jesus, contudo deixa na obscuridade o aspecto trinitário e, sobretudo, a presença do Espírito que na transfiguração e depois na cruz torna-se tão discreta. No entanto, não existe uma cristofania que não seja teofania, revelação de Deus por seu Ungido no Espírito.

cos", segundo a terminologia derásica[23] de Del Agua[24]. O "céu rasgado" é típico de uma epifania, portanto de uma revelação que rompe a separação entre céu e terra. No descenso do Espírito está a expressão visível da interpretação feita pela Voz celeste: Jesus é o Messias, sobre quem devia residir o Espírito em plenitude. A tradição veterotestamentária associou o dom do Espírito com o Messias[25]. No batismo Jesus é reconhecido por Deus como Messias e Filho, pela unção do e no Espírito. A "voz do céu" ou "voz celeste" é, segundo Del Agua, um substituto derásico para a ação reveladora de Deus[26].

É indiscutível a influência do profeta Isaías no texto marcano. Mas buscamos aqui destacar que o reconhecimento divino de Jesus se dá em dois aspectos: eleição e missão. Quanto à eleição o texto atesta que ele é o Filho amado. Em relação à missão o fundamento se encontra no texto de Isaías sobre o servo que traz a justiça às nações. Jesus executará o projeto de Deus como servo.

A transfiguração figura como o cumprimento da promessa anterior. Nela se expressa a glória de Jesus que se

---

23. O termo derásica diz respeito ao procedimento de interpretação de textos bíblicos praticado pelos mestres do judaísmo, sobretudo o rabínico. O termo é derivado do hebraico *derash* que significa buscar, investigar, interpretar.

24. A explicação seguinte sobre os motivos da releitura cristã do AT no Batismo e Transfiguração baseia-se em DEL AGUA, Agustín, El procedimento derásico que configura el relato del bautismo de Jesús (Mc 1,9-11). In: MUÑOZ LEÓN, Domingo (ed.). *Salvación en la Palabra. Targum, Derash, Berith. En memoria del profesor Alejandro Díez Macho*. Madrid: Cristiandad, 1986, p. 594-609.

25. Cf. DEL AGUA, El procedimiento derásico que configura el relato del bautismo de Jesús (Mc 1,9-11), p. 599.

26. DEL AGUA, El procedimiento derásico, p. 602.

dará através da morte e ressurreição do Messias. Nesse relato, reencontramos a voz que declara a filiação divina de Jesus e o caráter de Servo que o constitui, em vista da missão a ele confiada. A presença do Espírito pode ser evocada pela menção à nuvem da qual vem a Voz. No relato do batismo, o descenso do Espírito em forma de pomba foi assumido como uma referência à Šekiná, a divina Presença.

Segundo Del Agua, Espírito Santo e Šekiná se relacionam entre si, mas não se identificam. Contudo essa relação é tal que podemos, sem dúvida, acentuar o caráter trinitário e a discreta presença do Espírito na Transfiguração[27].

Luzarraga afirma uma identificação interpretativa entre a nuvem e o Espírito. Isto se deu num longo processo interpretativo nas diversas tradições literárias e, por isso, chegaram a plasmar a atividade do Espírito com traços da coluna e da coberta de nuvem do Antigo Testamento. Esse

---

27. O texto seguinte explica bem a afirmação feita. "Espíritu Santo y Šekiná se relacionan entre sí. De hecho ambos son metonimias de designación divina en la tradición targúmica. Precisamente el texto de Is 61,1, aplicado por la tradición al Mesías dice: 'el Espíritu del Señor Yahweh está sobre mí…'. La propia tradición rabínica, que veía en la Šekiná y en el Espíritu Santo los dos distintivos que diferenciaban a Israel de los demás pueblos hace depender la vuelta del Espíritu, en la era escatológica, de la Presencia de la Šekiná. Así Tg Is 32,15: 'hasta que nos envíe el Espíritu [Santo] de delante de su Šekiná en los cielos'. La expresión 'el Espíritu [Santo] de delante de su Šekiná', […] parece suponer la estrecha vinculación de Espiritu Santo y Šekiná hasta el punto de hacer depender el Espíritu de la presencia de la Šekiná. Is 32,15, junto a Is 61,1 y Lm 3,50, son los tres textos usados por el Midráš LmR 3,138 para probar el retorno del Espíritu en la época escatológica. No puede perderse de vista que el don del Espíritu Santo, a que se refiere Is 61,1, la tradición lo atribuía solamente al Mesías (cf.11 Qmelch 18)"; Del Agua, El procedimiento derásico, p. 600.

desenvolvimento possibilitou que a nuvem, presente no relato da transfiguração, fosse considerada epifania do Espírito[28]. Voltaremos à questão da presença do Espírito Santo mais adiante quando tratarmos da cruz do Messias.

Na transfiguração, o acréscimo em relação ao relato do batismo aparece na ordem divina de "escutá-lo", pois a partir desse momento seu ensino versa sobre o tipo de messias que ele é, e como se executará a salvação de todos. A presença de Moisés e Elias evoca a autenticação da eleição e missão de Jesus, uma vez que estes representam a Lei e os Profetas.

1.1.3.2. Cristologia implícita

Na primeira parte da narrativa marcana abundam curas, exorcismos e, nesses eventos, destaca-se a autoridade de Jesus. Seus sinais são atos de poder (*exousia*). Isto já fora anunciado por João quando batizava às margens do Jordão: "depois de mim virá aquele que é mais forte do que eu". Jesus vem, pois, como o mais forte porque dotado do Espírito Santo. Sua ação é movida pelo Espírito de Deus.

A primeira informação que o evangelista nos dá de Jesus, após o batismo e a estada no deserto, é: "depois que João foi preso veio Jesus para a Galileia proclamando a Boa-Nova: 'completou-se o tempo, e o Reino de Deus está próximo. Convertei-vos e crede na Boa-Nova.'" (1,14-15).

Realmente é uma boa nova que Jesus anuncia: "Deus reina" e isso significa que a vontade de Deus se faz presente

---

28. Luzarraga, Jesús. *Las tradiciones de la nube en la Biblia y en el judaísmo primitivo*. Rome: Biblical Institute Press, 1973, p. 245.

na terra. Jesus é essa ação de Deus; Jesus faz presente em sua pessoa o Reino; ele é *autobasileia*[29]. Afirmar isso não significa uma redutora identificação que limita o Reino, mas indica que o tempo da ação de Deus, o tempo messiânico se inaugura em sua pessoa e isso se verifica em seus atos de poder.

O ensino e a ação de Jesus geram reações diferentes nas pessoas. É possível achegar-se a Jesus partindo das oposições, uma vez que sua liberdade e autoridade geram conflitos[30] e incompreensões por parte das autoridades religiosas constituídas, das multidões e de seus seguidores imediatos. Assim, com os primeiros, aparece a questão da Lei e, em ligação estreita com ela, o tema do sábado, da pureza e do perdão dos pecados.

À pergunta fundamental — quem é este? — se responde de modo diverso ao longo do Evangelho. Jesus revela quem ele é, mas tem como resposta da parte dos assistentes reações desconcertantes. Da parte do poder religioso e político a reação é totalmente negativa, de modo que fica claro desde o início o desejo de eliminar Jesus.

A reação da multidão é ambígua. Diante das demonstrações de autoridade, do miraculoso, ela reage de modo favorável, mas não de modo consistente. Está pronta para abandoná-lo a qualquer momento. A única reação positiva é dos discípulos, mas isso se dá na incompreensão.

---

29. O termo remonta a Orígenes e foi recebido pela Igreja.
30. Uma excelente obra sobre o Evangelho de Marcos numa leitura latino-americana orientada pelas relações de conflito entre Jesus e seus contemporâneos, de modo especial o poder político e religioso do tempo, é sem dúvida a de BRAVO GALLARDO, Carlos. *Jesús hombre en conflicto*. México: CRT, 1986.

Resumindo, toda a primeira parte do relato é marcada pela revelação velada de Jesus como Messias e as reações de seus contemporâneos a essa mesma revelação. A maioria dessas reações é conflituosa.

1.2. Cristologia "de baixo": Duquoc e o messianismo do Servo

A revelação de Jesus, verificada a partir do testemunho marcano, às vezes, é violenta, a ponto de decidirem pela sua eliminação. Isso não passou despercebido aos teólogos contemporâneos. Esses, depois de um longo período dedicado à clássica abordagem cristológica "de cima", resolvem se voltar para as fontes bíblicas da tradição, com a ajuda da exegese, a fim de buscar uma nova compreensão da pessoa de Jesus a partir da consideração de sua vida terrena. Assim Duquoc, ao escrever seu Ensaio de Cristologia, dedica o primeiro tomo de sua obra ao "Homem Jesus".

Ao refletir sobre a infância, os "eventos" e as atitudes de Jesus no tempo de sua vida pública, esboça a figura do Cristo e o que levou a comunidade primitiva a intitulá-lo como Profeta, Servo, Filho e, enfim, reconhecê-lo como seu Messias. Esperado?

Importa-nos, aqui, o messianismo de Jesus dentro da hermenêutica que o aborda. Ao tratar da pessoa de Jesus Cristo, Filho de Deus encarnado através de sua vida terrena, o autor obedece ao mesmo esquema marcano de ir, pedagogicamente, esboçando o rosto ou a figura do Filho de Deus humanado, que, por isso, incide em nossa vida.

Assim Duquoc se preocupa, antes, com a questão da identidade de Jesus, resgatando a importância de sua humanidade. O teólogo apreende a relação de Jesus conosco da encarnação. Quanto à missão de Jesus, marcada por sua função messiânica, Duquoc deixa para um segundo momento de sua reflexão. Duquoc é consciente de que a identidade de Jesus e sua missão não se separam e isso aparece rapidamente no primeiro tomo de sua cristologia, mas sua divisão metodológica leva a um distanciamento da unidade desses dois aspectos da reflexão cristológica[31].

A principal meta de Duquoc, no primeiro tomo de sua Cristologia, é resgatar o caráter humano do Filho de Deus, para que este não seja um mito, mas que apareça na concretude do indivíduo singular. Ele dá um acento todo especial à pregação e a ação de Jesus. Mas é na reflexão sobre os títulos de grandeza aplicados ao homem Jesus que vem à luz, na sua cristologia, o messianismo do Servo.

1.2.1. Eventos da vida de Jesus

Nossa temática aparece em toda a obra de Christian Duquoc, uma vez que este aborda a pessoa de Jesus Cristo enquanto Filho de Deus encarnado através da reflexão de sua vida terrena. Na primeira parte intitulada "o Homem Jesus" o autor apresenta o excesso dessa vida a partir da análise dos "mistérios" da vida do Cristo. Tudo isto o leva a refletir sobre os títulos aplicados a Jesus e suas consequências no discurso atual.

Duquoc apresenta os "mistérios" da vida do Cristo desde as narrativas do nascimento e infância. O caráter

---

31. Veremos de modo mais detalhado a relação entre identidade de Jesus e missão salvífica na cristologia messiânica de Bernard LAURET no terceiro capítulo de nosso estudo.

transcendente da pessoa de Jesus e a originalidade de seu messianismo são marcados o tempo todo. Em sua leitura já se esboça o messianismo do Servo descrito em Isaías 52-53[32].

Mas é na reflexão dos "eventos" do tempo da pregação que Duquoc pensa apreender o mistério de Jesus. O autor privilegia os seguintes episódios: batismo, tentação, pregação, milagres, transfiguração. Basta-nos pontuar, aqui, o significado teológico de cada um destes episódios.

1. Batismo — Para Duquoc o significado teológico do batismo de Jesus está no laço entre sua investidura messiânica e seu ato penitencial[33]. O dom do Espírito Santo marca a messianidade de Jesus e está em função da instauração da comunidade messiânica. Jesus é declarado Messias, mas essa declaração mesma, em vista do material escriturístico que a fundamenta, já aponta para a forma ou tipo de messias que ele é.

Embora a leitura teológica tenha dado maior acento ao uso do Salmo 2,7, lendo aí mais a divindade de Jesus em vista do título de Filho, seu ato penitencial revela que ele não se separa de nossa condição e sua missão se dá em vista dessa ligação estreita com nosso destino.

O fato de Jesus receber o batismo de João não quer significar um reconhecimento e confissão de seus próprios pecados, uma vez que ele não os tinha. O sentido desse batismo é demonstrar que é ele quem carrega os pecados de seu povo, a exemplo do Servo de Isaías.

---

32. DUQUOC, Christian. *Cristologia: ensaio dogmático: o homem Jesus*. São Paulo: Loyola, 1977, p. 35.
33. DUQUOC, *Cristologia, ensaio dogmático*, p. 41.

2. Tentação — Duquoc considera as narrativas da tentação em vista da verdade da tentação do Cristo, sob pena de nada significar para nós se não significou nada para ele, homem e Messias[34]. O autor apreende sua reflexão, a partir da consideração distinta em cada evangelista. Mateus e Lucas desenvolvem um "conteúdo" para a tentação.

Em Marcos o relato é mais sóbrio e visa mais a atitude de Jesus. Ela está estreitamente ligada à narrativa do batismo e faz parte da abertura. Ocupa materialmente dois versículos e tem por horizonte o livro do Êxodo e a estada de Israel no deserto quando foi posto à prova. O deserto ocupa um posto ambíguo, pois é o lugar ao mesmo tempo de tentação e de encontro com Deus. É, ainda, o lugar por excelência da ação do Espírito.

Marcos acentua que Jesus fora "posto à prova por Satanás" e, em seguida, diz que ele "convivia com as feras, e os anjos o serviam". O ideal do tempo messiânico, segundo Isaías 11,6s; 65,25 se faz presente já aqui. Esse tempo é para Marcos o tempo da preparação de Jesus em vista de sua missão. O significado é claramente escatológico: se o tempo messiânico se inaugura é porque o Messias se faz presente.

Duquoc, no entanto, desenvolve o conteúdo da tentação a partir da narrativa de Mateus, onde se leem três tipos de messianismos. São eles: "messianismo da abundância" (pão), "messianismo milagroso" e "messianismo político". Satã, em momento algum, questiona a messianidade de Jesus, mas o tenta para que ele não se conduza ao modo do messianismo do Servo nem segundo o projeto de Deus,

---

34. Duquoc, *Cristologia, ensaio dogmático*, p. 48.

mas que se conduza ao modo do poder. Por isso Duquoc conclui: "A tentação fracassou porque o amor do Filho encarnado pelo Pai era infinitamente mais forte do que todo e qualquer questionamento humano"[35].

3. Pregação — Marcos tem urgência e isso aparece nos pequenos resumos que dizem tudo que será presenciado, em forma de drama. Assim a pregação de Jesus se inicia após a prisão de João. Materialmente falando, ela encerra a abertura (Mc 1,15) e abre a narrativa de um dia em Cafarnaum. Sua pregação não se separa de seus atos. Ele anuncia a salvação, o Reino de Deus, em palavras e atos. Anuncia com sua palavra e a faz presente em sua pessoa. O "cumpriu-se o tempo" é bastante significativo, pois evoca o cumprimento das promessas divinas, o tempo messiânico faz sua irrupção e é verificável nos sinais da misericórdia divina: curas, milagres, exorcismos e tudo isso é feito com autoridade (*exousia*).

Duquoc lê, na pregação de Jesus, a manifestação da revelação do Verbo Encarnado. Sua pregação era necessária para que Deus revelasse a salvação numa face humana. Por isso, quando Jesus começa a pregar e a realizar os "sinais messiânicos", causa espanto naqueles que o conheciam. Até aquele momento, Jesus vivera simplesmente como um homem comum.

Ao tratar do caráter obscuro da pregação de Jesus, Duquoc assume uma perspectiva que muda um pouco a orientação de interpretação da dificuldade encontrada no discurso em parábolas. A dificuldade não se encontra em

---

35. Duquoc, *Cristologia, ensaio dogmático*, p. 63.

entender a presença do Reino descrita de maneira vaga, mas no porquê de tratar a messianidade com simplicidade ou sobriedade[36].

Ele não é o messias tal como se imaginava. Aliás, a ideia de Deus e de seu messias era bem diversa daquela que Jesus dava corpo[37]. É como Servo que Jesus prega a salvação para todos os povos. Sua mensagem é universal, mas enraizada em sua cultura e religião. Os judeus precisavam primeiro realizar plenamente sua vocação para incorporar os pagãos, mas isto só se dá após a cruz, quando o Servo dá sua vida por muitos (Mc 10,45)[38]. Em Marcos esta universalização se dá ao longo de todo Evangelho e culmina na cruz e ressurreição, com o retorno à Galileia.

4. Milagres — Os milagres são, em Marcos e nos demais evangelhos, sinais da inauguração do Reino messiânico e, portanto, a revelação de que o adversário foi vencido e Deus reina. Segundo Duquoc, o milagre tem sentido porque provém da relação com o conteúdo da revelação; ele tem um significado redentor[39]. Mas a ação taumatúrgica de Jesus só pode ser compreendida à luz da sua missão de Servo.

5. Transfiguração — Duquoc toma como base de sua reflexão sobre a transfiguração o texto marcano e salienta o fato de que nesse texto estão sintetizadas as três formas do messianismo: o messias real ou davídico (Sl 2), o novo Moisés e o messias Servo (Is 42,1). Lembra, ainda, que Marcos "insiste na identidade do Cristo, ao estabelecer uma

---

36. Duquoc, *Cristologia, ensaio dogmático*, p. 72.
37. Duquoc, *Cristologia, ensaio dogmático*, p. 73.
38. Duquoc, *Cristologia, ensaio dogmático*, p. 76.
39. Duquoc, *Cristologia, ensaio dogmático*, p. 81.

fusão entre os títulos de Servo e de Filho do Homem, títulos que, segundo ele, na tradição judaica se opunham"[40].

1.2.2. Títulos cristológicos

Uma aproximação muito frequente da pessoa de Jesus, não importa qual perspectiva se adote, de "cima" ou de "baixo", é feita através do emprego dos títulos de grandeza a ele aplicados nos escritos neotestamentários e amplamente estudados pela exegese e pela reflexão sistemática.

Não fugiremos ao esquema. Novamente veremos o uso marcano dos mesmos. Quais títulos usados e quais os evitados pelo autor? De que modo usa e qual o sentido de suas escolhas? Na sequência veremos qual orientação no uso dos títulos Duquoc assume em sua reflexão e por quê.

A narrativa de Marcos, contrariando a opinião largamente difundida, apresenta-se de modo muito coerente. Isso também pode ser verificado no modo como trabalha e localiza o emprego dos títulos aplicados diretamente a Jesus ou não.

Apenas com uma olhada superficial no levantamento abaixo, é possível intuir o modo que o evangelista elegeu para explicitar a messianidade e o tipo de messianismo de Jesus. Nunca é suficiente lembrar que ao leitor já foi dada, no título, a informação principal e o objetivo da narrativa que serve de programa. Todo seu relato caminha para a exposição, em plena luz, do que foi dito no princípio. O uso dos títulos na primeira parte do Evangelho é controlado.

---

40. Duquoc, *Cristologia, ensaio dogmático*, p. 84.

Ao considerar os usos do termo Filho, no batismo e na transfiguração, como o "Filho de Deus", contam-se sete ocorrências desse, juntamente com as sete do título Cristo; contra quatorze ocorrências do título Filho do Homem, indiscutivelmente o preferido pelo evangelista[41]. Em toda a primeira parte do Evangelho, incluindo os usos do programa, apenas sete vezes aparecem alguns dos títulos. O de "Filho", no batismo; o de "Filho de Deus", na boca dos demônios; e dois usos do "Filho do Homem" nas controvérsias com os escribas e fariseus: perdão dos pecados e sábado. A cristologia implícita deixa aqui sua marca.

Nessa primeira parte, por todo lado, irrompem perguntas: quem é este homem? De onde lhe vem essa autoridade? Como faz essas coisas? Os títulos poderiam defini-lo antes da hora e de maneira equivocada. Por isso, poucas referências titulares fazem parte desse primeiro momento. É a ação de Jesus, seu ensinamento em palavras e atos que revelam a irrupção do Reino de Deus, o caminho da revelação de sua identidade e função. Isso se dá com a confissão de Pedro, servindo de mola propulsora no uso abundante dos títulos na segunda parte.

Minette de Tillesse conta vinte e uma ocorrências de títulos na segunda metade do Evangelho. Curiosamente ele não considera o uso de "Filho" de Marcos 13,32: "Mas a respeito daquele dia ou da hora ninguém sabe; nem os anjos no céu, nem o Filho, senão o Pai." Aqui o termo empregado é igualmente *yiós*. Esse é um termo técnico para designar a Jesus em sua relação com Deus, diferente do termo *téknon* ordinariamente usado para se referir a filho.

---

41. MINETTE DE TILLESSE, *Le secret messianique*, p. 328.

Se nossa consideração está correta, há três ocorrências do título de "Filho" no Evangelho. Três é um número pleno, relacionado no Novo Testamento com a revelação do Deus trinitário. Teríamos assim: sete usos de "Cristo", oito de "Filho de Deus" e quatorze de "Filho do Homem". Isso quebraria o esquema extremamente sólido de Minette de Tillesse, mas não deixaria de ser significante. Um dado que talvez deva ser refletido e parece ter passado despercebido pelo autor é o de que, se se considera o "Filho" como "Filho de Deus", permaneceriam, perfeitamente, os sete usos. Isso, no caso de não se considerar o uso do título inicial uma vez que é objeto de discussão. De qualquer modo a ideia principal salientada pelo autor permanece. Ela apresentaria um crescendo no uso mesmo dos títulos. Jesus é Messias: Filho de Deus e Filho do Homem.

Antes de passarmos a uma consideração dos três últimos títulos assinalados, uma menção sobre o "Filho de Davi" e o "Servo". Do primeiro, temos apenas duas ocorrências e uma clara ambiguidade em seu uso. O segundo não aparece nunca, materialmente, mas a sua figura perpassa toda a narrativa, desde o batismo à paixão. A isso voltaremos em outro momento.

1.2.2.1. Cristo

A relação entre a confissão na messianidade de Jesus, atestada de diversos modos em todo o Evangelho de Marcos, e sua ação como Messias é condição *sine qua non* para a coerência da nossa reflexão. Isso significa que não é possível separar o Messias de sua ação, separar Messias e messianismo. Não é possível pensar a messianidade de Jesus sem a redenção trazida por ele⁴². Posto isso, passamos a considerar os títulos, primeiramente o de Cristo, já que esse serve de base para a consideração de todos os outros no cristianismo.

Uma reflexão sobre o título Cristo acarreta uma exigência: uma exposição prévia da origem do termo e de seu conteúdo, mesmo conscientes da complexidade de tal intento. O termo "messias" do qual provém nosso usual "Cristo" é o resultado de uma transcrição do aramaico *mešîḥâ'* e do hebraico *ham-māšîaḥ* significando "o ungido", "untado com óleo"⁴³. A língua grega usa dois termos para transcrever o aramaico *mešîḥâ'*: messías e christós. O primeiro termo é atestado no Evangelho de João (1,41; 4,25). No entanto o termo largamente difundido é mesmo o segundo, de onde provém a tradução latina *Christus* e por derivação o nosso "Cristo".

Todo esse levantamento etimológico não teria razão de ser se não nos remetesse ao que ele denota, ou seja, ao seu conteúdo: a unção implicada nesses termos. Esta era aplicada no Antigo Testamento àqueles destinados a uma missão por parte de Deus junto ao povo: reis, sacerdotes,

---

42. Essa ideia é fundamental no pensamento de Bernard LAURET ao propor uma cristologia messiânica, uma vez que, para ele, falar de messianismo é pensar a ação de Deus na história para redimi-la, salvá-la.

43. Mais sobre a consideração etimológica do termo e sua origem em: MOWINCKEL, Sigmund. *El que ha de venir: mesianismo y mesías*. Madrid: Fax, 1975, p. 3-10; CABA, *El Jesús de los evangelios*, p. 106-113; FABRY, Heiz-Josef; SCHOLTISSEK, Klaus. *O Messias*. São Paulo: Loyola, 2008, p. 23-25. As duas primeiras obras citadas apresentam um longo desenvolvimento sobre a temática do messianismo e as implicações da escatologia e apocalíptica judaicas no desenvolvimento da ideia messiânica, são, pois, fundamentais para quem pretende fazer um estudo aprofundado do mesmo.

profetas[44]. Por isso a consideração de três tipos de messianismo: régio, com acento na figura do rei e na espera de um Filho de Davi que restauraria o reino de Israel, conforme uma ideologia nacionalista; um messianismo de tipo profético, tendo como figura catalisadora o Servo de Iahweh, conforme descrita nos cantos do Servo de Isaías; e por fim, um messianismo de tipo sacerdotal, esse último já mesclado com um messianismo real não nacionalista.

Mas o termo também denota uma ideia própria do judaísmo tardio e dos primórdios do cristianismo. Segundo Mowinckel, "no judaísmo tardio, o termo 'Messias' denota uma figura *escatológica*." Para esse autor o próprio termo "messias" implica uma escatologia. Como título ou como nome surge para designar uma figura escatológica e só pode se aplicar a uma figura semelhante[45]. O título "Messias/Ungido" é como os demais títulos, um conceito funcional que remete a títulos honoríficos[46].

Enquanto conceito funcional[47] contém uma história que revela uma evolução no uso e significado atribuídos. Esta é bastante complexa e ganha densidade a partir da apocalíptica e da escatologia judaicas. Messias e messianismo jamais tiveram uma configuração clara e limpa. A ambiguidade permanece desde sua origem até hoje. Nos tempos de Jesus a faceta largamente difundida desse título vinha com a cara da esperança messiânica real. Das ideologias mes-

---

44. Cf. CABA, *El Jesús de los evangelios*, p. 107.
45. MOWINCKEL, *El que ha de venir*, p. 4.
46. FABRY; SCHOLTISSEK, *O Messias*, p. 25.
47. DODD, Charles Harold. *El fundador del cristianismo*. Barcelona: Herder, 1977, p. 119.

siânicas era, sem dúvida, a mais desenvolvida, mesmo que não tenha conseguido se impor às demais configurações da espera messiânica. É dentro desse contexto que consideramos a reflexão neotestamentária do messias[48] consignada no Evangelho de Marcos.

O fato de Marcos ter aberto seu Evangelho com o título de Cristo/Messias demonstra a importância dele para a cristologia desse escrito, e não uma polêmica contra ele. O uso do título é evitado em toda a primeira parte da narrativa até o momento alto da confissão de Pedro. Até esse instante, as atitudes e palavras de Jesus, bem como as reações de incompreensão ou não aceitação de sua pessoa revelam, implicitamente, o excesso de sentido presente nesse indivíduo singular: Jesus de Nazaré. Com a confissão de Pedro o evangelista apresenta claramente seu corretivo. Sim, Jesus é o messias, mas não sob a figura do messias nacional instaurador da realeza israelita, formato tão difundido. Esse messias que se apresenta e seu messianismo comportam o sofrimento e o aparente fracasso. O messianismo de Jesus é distinto do messianismo apregoado e ansiosamente desejado pelos seus contemporâneos.

Na reflexão cristológica contemporânea, mesmo quem se preocupou em pensar o messianismo de Jesus tomou o título de Messias como seu nome próprio, desvinculando-o, assim, de sua função redentora. Christian

---

48. Para um maior aprofundamento dos movimentos messiânicos e das expectativas redentoras no tempo de Jesus, reenviamos às seguintes obras: GRELOT, Pierre. *A esperança judaica no tempo de Jesus*. São Paulo: Loyola, 1996; SCARDELAI, Donizete. *Movimentos messiânicos no tempo de Jesus: Jesus e outros messias*. São Paulo: Paulus, 1998; PERROT, Charles. *Jesús y la historia*. Madrid: Cristiandad, 1982, p. 80-133.

Duquoc afirma que o esquecimento ou a "desconsideração" do significado original do termo Cristo se apresenta como simples consequência da "originalidade" do messianismo de Jesus[49]. O autor desloca a questão do título para a prática de Jesus e sua compatibilidade ou não com os papéis impostos pelos modelos messiânicos correntes.

1.2.2.2. Filho do Homem

Esse título é, sem dúvida, o que tem a história mais complexa. Isso é facilmente verificado quando procuramos fazer uma aproximação atenta de sua origem e significado. Ele conheceu um profundo desenvolvimento na apocalíptica e escatologia extrabíblicas e neotestamentárias.

Como observamos antes, o título de Filho do Homem é o mais utilizado pelo evangelista Marcos para expressar o messianismo de Jesus e especificar o conteúdo do título de Filho de Deus. Apresenta o dobro de incidências se relacionado com os outros dois títulos privilegiados pelo evangelista.

Não podemos inferir, a partir disso, que o termo "Filho do Homem" seja mais importante que os outros dois, mas podemos pensar que ele serve para explicitar o modo como os demais devem ser entendidos. Em outras palavras, o Filho do Homem corrige uma definição ou identificação apressada do messianismo de Jesus que as outras denominações poderiam causar.

---

49. DUQUOC, Christian. Messianisme de Jésus. In: COPPENS, Joseph; DUQUOC, Christian; LAPLANTINE, François, Messianisme. *Catholicisme hier, aujourd'hui, demain*. Paris: Letouzey, 1980, v. 9, cl. 18.

No Antigo Testamento a expressão "Filho do homem" aparece inúmeras vezes, especialmente no livro de Ezequiel e significa, na maioria das vezes, a condição humana em sua fragilidade, fraqueza ou debilidade ou, simplesmente, a pertença à coletividade humana[50].

Mas no texto de Daniel 7,13-14, a referência ao Filho do homem não corresponde mais ao significado contido no livro de Ezequiel e de outros textos veterotestamentários. Nele, a figura do Filho do homem remete a um ser celestial, envolto em mistério[51].

No Evangelho de Marcos esse título assume um significado ainda mais preciso. Esse título aparece sempre na boca de Jesus. É assim que Jesus se refere a si mesmo, embora, por vezes, fale do Filho do homem em terceira pessoa[52]. São três os tipos de citação do título: referindo-se à parusia do Filho do Homem; à predição de sua paixão e tratando da atividade presente do Filho do Homem[53].

---

50. Cf. CABA, *El Jesús de los evangelios*, p. 156; SCHEIFLER, Jose Ramón. El hijo del hombre en Daniel. *Estudios Eclesiásticos*, n. 34, 1960, p. 789-804; Novo, Alfonso. El hijo del hombre en los evangelios sinópticos. *Estudios eclesiásticos*, 75, n. 292, 2000, p 23-78.

51. Para um estudo detalhado do título de Filho do Homem e de seu caráter celestial ou terreno, bem como a relação com a literatura intertestamentária (Henoc e Esdras) recomendamos as seguintes obras: MOWINCKEL, *El que ha de venir*, 1975; MINETTE DE TILLESSE, *Le secret messianique*, 1968; CULLMANN, Oscar. *Christologie du Nouveau Testament*. Neuchatel: Delachaux & Niestle, 1966; FLUSSER, David. *Jesus*. São Paulo: Perspectiva, 2002; JEREMIAS, Joachim. *Teología del Nuevo Testamento I*: la predicación de Jesús. Salamanca: Sígueme, 1974, p. 293-313; PERROT, Charles. *Jesús y la historia*, p. 193-216.

52. DIEZ MACHO, Alejandro. La cristología del hijo del hombre y el uso de la tercera persona en vez de la primera. *Scripta Theologica*, v. 14, n. 1, 1982, p 189-201.

53. Esses três tipos são referidos aos *logia* sobre o Filho do Homem, considerados na tradição sinótica. In: MINETTE DE TILLESSE, *Le secret mes-*

Segundo Minette de Tillesse há três textos que falam explicitamente da parusia (8,38; 13,26; 14,62), enquanto os que se referem à paixão do Filho do Homem contam nove usos (8,31; 9,9; 9,12; 9,31; 10,33-34; 10,45; 14,21; 14,41). Entre esses nove, três são as predições da paixão e servem para estruturar a mensagem da segunda parte do Evangelho: o mistério do sofrimento do Cristo. De acordo com o autor os outros seis usos fazem alusão às predições da paixão[54].

Os outros dois usos (2,10; 2,27-28), referentes à atuação terrestre do Filho do Homem, são os únicos que figuram na primeira parte do Evangelho, mas apresentam um caráter transcendente, pois se referem a uma autoridade sobre eventos extra-humanos, a saber: o perdão dos pecados, o senhorio sobre o Sábado etc.

O fato de o uso maior e mais frequente do título ser em relação à paixão e morte significa que o Filho do Homem no evangelho assume a característica própria do Servo de Iahweh, o sofrimento e a morte em favor de outros. O Filho do Homem daniélico, celestial se reveste da figura muito humana do Servo. É este último que lhe dá autenticidade. Neste estudo consideramos os dois títulos juntos, pois, em Marcos, a figura do Servo está presente desde o batismo até a paixão, sem que jamais seja citado explicitamente.

Mowinckel, em seu estudo sobre o messianismo, ao considerar os cantos do Servo de Isaías chega à conclusão de que o Servo é profeta e não messias, pois o Servo do Senhor é aquele que servirá de instrumento para instauração

---

sianique, p. 364. Ver também a abordagem desse tema em FLUSSER, *Jesus*, p. 99; PERROT, *Jesús y la historia*, p. 195-196.

54. MINETTE DE TILLESSE, *Le secret messianique*, p. 369.

do Reino de Deus, enquanto o messias é o rei que reinará no Reino restaurado. Para ele, só em Jesus o Servo é compreendido como messias[55]. O Filho do Homem é tratado separadamente por esse autor.

Duquoc, por sua vez, trabalha o título de Filho do Homem a partir da definição de seu conteúdo pelos títulos de Profeta e de Servo, considerando, assim, a função mediadora de Jesus. Ele acentua a manifestação de uma "relação original" entre o conjunto da humanidade e Jesus. Por isso, apresenta juntos os títulos de Filho do Homem e de Sumo Sacerdote, títulos carregados de sentido mediador[56]. Depois de analisar a incidência do título no Antigo Testamento e na literatura extrabíblica diz que o Filho do Homem é um ser paradoxal, pertencendo a dois mundos: o de Deus, como seu revelador último, e o dos homens porque o exercício de sua carreira é terrestre[57].

Lembra, ainda, que o título em si não evoca a humilhação, mas a transcendência. Segundo Duquoc, esse título não diz quem Jesus é, ou seja, sua identidade, mas é um título de missão e assim "define a função que Jesus deve exercer sobre a terra em osmose com a condição celeste"[58]. Desse modo a história concreta de Jesus não aparece como apêndice, é condição de possibilidade de uma realidade não mitológica da figura do Filho do Homem. É através do sofrimento e morte de um ser histórico que o Filho do Homem é glorificado.

---

55. Mowinckel, *El que ha de venir*, p. 204-279.
56. Duquoc, *Cristologia: o homem Jesus*, p. 166-167.
57. Duquoc, *Cristologia: o homem Jesus*, p. 179-180.
58. Duquoc, *Cristologia: o homem Jesus*, p. 183.

Mas a ideia de um messias que sofre, morre e ressuscita parecia estranha a quem esperava um messias-rei poderoso e libertador, um restaurador político. Contudo, a ideia de um messias que contava com a debilidade e o sofrimento não era totalmente alheia aos contemporâneos de Jesus e isso foi o que tornou possível aos primeiros cristãos e, especialmente a Marcos, a releitura desses títulos messiânicos.

O certo é que a figura do Filho do Homem neotestamentária e, principalmente, marcana apresenta a face do Servo Sofredor dos cantos isaianos, e não podemos pensar numa novidade absoluta dos textos do Novo Testamento. Esses textos são reflexões enraizadas na cultura e fé de um povo que vive de suas tradições religiosas, mesmo que seja uma vivência dinâmica da fé. Releituras são possíveis e existem muitas. Novidades absolutas que representem quebras não são admitidas.

Ainda nos falta pensar a relação do Filho do Homem com o título de Filho de Deus. Em Marcos, esses estão intimamente ligados e não conseguiremos perceber a profundidade da mensagem marcana sem compreendê-los neles mesmos e em suas relações mútuas.

1.2.2.3. Filho de Deus

Se o título de Filho do Homem já apresentava não poucas dificuldades quanto à origem, aplicação e interpretação, o de Filho de Deus se equipara a ele quando a questão é o sentido, pois o título Filho de Deus tem conotação diferente a depender do ambiente e da época.

A dificuldade maior se apresenta no fato de que essa expressão evoca a compreensão da filiação divina, em nível ontológico, desenvolvida pela reflexão cristológica na doutrina da Encarnação. Esta se tornou o ponto de partida de toda e qualquer reflexão cristológica posterior. Primeiramente faremos o mesmo percurso traçado no estudo dos outros títulos. Consideraremos o uso no Evangelho de Marcos, essencialmente, buscando seu sentido primeiro e sua relação com a pessoa e ação de Jesus, ou seja, com sua missão.

Antes mesmo de procurar o sentido da expressão no texto marcano, precisamos ter em mente que seu uso ou compreensão no Antigo Testamento deve ser procurado não no título em si, mas na noção mais ampla de filiação e paternidade. No testemunho veterotestamentário fala-se da filiação divina aplicada a uma diversidade de categorias ou grupos, desde seres angélicos ao povo eleito; da coletividade ou a um ser individual, no caso dos reis. Mas a nota comum nos escritos veterotestamentários, segundo José Caba, é o seu uso e compreensão de forma muito ampla e matizada, sem jamais apresentar o caráter especial de realizar maravilhas, nem apresentar uma relação de substância com Deus por geração divina, apenas em sentido metafórico como no caso do Salmo 2,7[59].

A filiação e a paternidade divinas, no Antigo Testamento, mostram uma eleição especial por parte de Deus para a realização de uma missão, a exemplo da eleição profética. Nesta concepção a marca essencial é a atitude de obediência e submissão por parte do eleito.

Na literatura extrabíblica, o acréscimo nesse âmbito é a aproximação, e por isso, a plausibilidade de o messias

---

59. CABA, *El Jesús de los evangelios*, p. 189.

ser nomeado Filho de Deus por causa da espera messiânica de um descendente de Davi, conforme a profecia de Natã. Os reis eram chamados filhos de Deus e a expectativa messiânica da realeza se desenvolveu bastante nesse período, tornando essa compreensão bastante justificável.

A questão se torna mais complexa quando se busca nos escritos neotestamentários o influxo do pensamento helenista sobre a expressão Filho de Deus. Segundo Rodríguez Carmona, "Filho é conceito por sua vez ontológico e funcional, quanto ao primeiro significa partilhar a mesma vida e ao segundo, entre outras coisas receber a vida desse ser, viver segundo sua vontade"[60]. O autor ainda nos dá outra importante informação. Ele ressalta que, na Escritura, tanto no AT quanto no NT, há um acento no aspecto funcional, pois é uma consequência da mentalidade hebraica que vê e apresenta as ideias de uma maneira concreta[61].

Minette de Tillesse é da mesma opinião. Para ele o Filho de Deus em Marcos, e no NT em geral, não deriva do *theíos anēr* (homem divino) grego. Ele nos diz que, para o pensamento hebraico, ser Filho de Deus não é primeiro uma dignidade, mas uma *missão*. Ser Filho de Deus é realizar a obra de Deus sobre a terra[62]. Segundo ele, o título Filho de Deus, no sentido hebraico, apresenta uma dupla ressonância: por um lado é o Filho (Servo) que realiza a obra do Senhor na terra e por outro o Filho de Deus designa um ser celeste que reside na Assembleia divina[63].

---

60. RODRÍGUEZ CARMONA, Evangelho segundo Marcos, p. 138.
61. RODRÍGUEZ CARMONA, Evangelho segundo Marcos, p. 139.
62. RODRÍGUEZ CARMONA, Evangelho segundo Marcos, p. 139.
63. RODRÍGUEZ CARMONA, Evangelho segundo Marcos, p. 351.

Os autores citados acima apresentam uma visão distinta da desenvolvida por outra ala de estudiosos, em especial a da chamada escola bultmanniana[64], para quem o Filho de Deus neotestamentário é o *theíos anēr*. José Caba, ao apresentar a questão, acentua o fato de que, para os defensores do influxo grego sobre o título de Filho de Deus, esse apresentaria um desenvolvimento no sentido da expressão, que levaria a uma conotação mais que messiânica, originada nas comunidades cristãs-helenistas e, inclusive, o uso do mesmo seria dessas comunidades. Bultmann defende o uso também nas comunidades judeu-cristãs palestinenses, mas o sentido seria o metafórico do Salmo 2,7, ou seja, sem a conotação mais que messiânica assumida posteriormente.

Com isso Caba defende uma superação clara do messianismo pela filiação divina no NT, especialmente em Marcos, onde o título de Filho de Deus apresenta um caráter distinto do messianismo[65]. Reiteramos o caráter distinto do messianismo neotestamentário em relação ao veterotestamentário, mas não podemos subscrever tão facilmente essa superação do messianismo pela filiação divina. O messianismo tem a ver com a história da salvação, da ação de Deus em favor dos homens, e Filho (Servo) é o agente dessa salvação juntamente com o Pai. Não é lógico sobrepor o Filho à sua missão ou vice-versa. Os dois implicam-se, exigem-se.

---

64. Os autores aqui estudados apresentam uma relação ampla de pesquisadores, entre eles: William Wrede; Wilhelm Bousset; Rudolf Bultmann; Alfred Loisy. Mas Bultmann é sem dúvida o grande nome ao ponto de criar uma "escola bultmanniana" que segue de modo mais ou menos independente as ideias desenvolvidas por ele.

65. Caba, *El Jesús de los evangelios*, p. 217.

Essa parece ser a compreensão de Duquoc, para quem a filiação divina, ou o título de Filho, em si, não apresentam um caráter ontológico, mas remetem a uma relação especial. Essa relação se configura de tal modo em Jesus que passa a expressar seu ser pessoal. Sua existência é assim a de filho, não um filho qualquer, mas o Filho. Sua divindade ou transcendência se revela nessa condição única de Filho em relação ao Pai. Assim, Jesus é Deus porque Filho de Deus. Só a partir daí se pode pensar a filiação divina de Jesus em seu caráter ontológico. Segundo Duquoc, o que define o nível ontológico da relação de Jesus com o Pai, de modo diferente do comum à humanidade, é "uma unidade fundamental de querer, de ação e finalmente de ser"[66].

Isso, no entanto, não exclui o aspecto funcional do título, pois o Filho, por sua unidade de vontade, faz a vontade do Pai. Ele tem desse modo uma função, uma tarefa, uma missão a cumprir no projeto salvífico de Deus. A dualidade do título permanece, e aí se encontra sua dinâmica mais rica. Como bem nos mostra o autor em seu ensaio, a reflexão eclesial da filiação de Jesus, em consequência das controvérsias cristológicas dos primeiros séculos, distanciou-nos muito da compreensão primitiva que mantinha a ligação entre o ser divino de Jesus e sua função de salvador, sua missão redentora: o messianismo conhece aí uma espécie de esquecimento[67].

Em síntese, esse caminho foi percorrido em vista do delineamento da figura do messias. Percebemos que essa

---

66. DUQUOC, *Cristologia: o homem Jesus*, p. 250.
67. Voltaremos a tratar do esquecimento do messianismo ao considerarmos a proposta de Bernard LAURET.

figura não é isenta de ambiguidades. A figura do messias sempre nos escapa, uma vez que jamais se dá à apropriação como objeto. Apenas podemos nos aproximar e fazer a experiência de um conhecimento que se dá, revela-se e, ao mesmo tempo, esquiva-se, evade-se. Jesus foi confessado Messias por seus seguidores, mas essa confissão não foi imediata nem feita de modo acrítico. Os discípulos caminharam com Jesus, e nesse caminhar reconheceram nele o Messias. Confessaram-no assim, contudo essa confissão mantinha um caráter de incompreensão. Frequentemente partilhamos da incompreensão dos discípulos, quanto ao significado profundo de nossa confissão no messias, Filho de Deus.

O percurso que fizemos, voltando ao testemunho marcano e alguns pensadores contemporâneos, visa à compreensão da pessoa de Jesus e sua relação conosco. Isso só é possível recorrendo à questão de sua identidade messiânica. Por isso consideramos as atitudes de Jesus, sua pregação e ação, milagres e perdão dos pecados, bem como a consideração dos títulos aplicados à sua pessoa. A identidade de Jesus não pode ser apreendida senão a partir de sua atividade terrena e das consequências dessa mesma ação. Por isso, vimos no estudo do Evangelho de Marcos e em alguns autores, especialmente Christian Duquoc, como a ação de Jesus se configura como messiânica.

No processo de compreensão da identidade messiânica de Jesus, apesar de todas as reticências que se possa levantar, o título que melhor nos aproxima dessa realidade é o de Filho do Homem. Jesus não assumiu os ideais populares de um messianismo nacional e político, por isso a figura do messias que ele delineia em seu agir adquire aspectos que estão associados à ideia do Filho do Homem.

Neste fato se entende a preferência por esse título ao designar-se a si mesmo[68].

Afinal o título Filho do Homem diz mais da identidade última de Jesus do que o tão apreciado Filho de Deus; que, para um judeu, pode ser qualquer hebreu; e, para os gregos, um filho de deus segundo a mitologia. Ademais, é sua vida que dá o conteúdo ao seu ser, que diz quem é Jesus. Mas, em Marcos, o uso do título Filho do Homem associado à figura do Servo sofredor revela a ligação íntima dos dois títulos, Messias e Filho de Deus, na identificação de Jesus.

Isso não passou despercebido à reflexão cristológica atual, que explora bem o sentido desses títulos para pensar a filiação divina de Jesus, primeiramente, a partir da sua humanidade e não de sua divindade (ontologicamente). Partir da Escritura permite, ainda, deparar-se com o caminho muito original do messianismo e marcar a distinção entre Jesus e as outras figuras messiânicas judaicas. É desse caráter distinto que nos ocupamos agora.

---

68. Cf. MOWINCKEL, *El que ha de venir*, p. 483.

Capítulo Segundo
O messianismo do crucificado

No primeiro capítulo, procuramos responder à questão fundamental "Quem é Jesus?" Obtivemos como resposta: "É o messias". Agora nossa tarefa básica é tentar responder à pergunta crucial: "Que messias é Jesus?" Essa tarefa nos exige uma reflexão prévia do conceito mesmo de "messianismo". Isso nos chega como uma exigência em decorrência da distinção operada no cristianismo, em relação à concepção judaica do messianismo, da qual se origina.

Impossível negar, e tanto mais ignorar, a profunda mudança detectada nos textos neotestamentários referentes à ideia de messias e consequentemente de messianismo, em comparação com os diversos testemunhos vétero e intertestamentários sobre o tema.

Contudo, não podemos considerar esse fato como simples ruptura entre as duas concepções, pois os escritos do Novo Testamento estão, indiscutivelmente, ancorados na tradição judaica. As concepções de "messias" e de "messianismo" são, ainda hoje, tema não apenas de distinção, mas também de divergência entre judaísmo e cristianismo. Nisso se percebe a atualidade do assunto.

Mas, como sabemos, o messianismo não se reduz à experiência israelita e cristã. Por isso, buscamos compreender um pouco mais dessa trama complexa através da consideração do tema em outras áreas do saber.

2.1. Messianismo: a complexa história de um conceito

O messianismo não apresenta uma uniformidade conceitual clara, nem no judaísmo nem no cristianismo. Esse termo encerra uma noção variante em diferentes épocas e culturas. Assume contornos levemente distintos nas diversas áreas do conhecimento que o refletem.

Moltmann, frente à constatação da impossibilidade de construir um "sistema do messianismo", afirma a necessidade de estabelecer o que chama "categorias essenciais do messianismo"[1].

A palavra se refere, primeiramente, a um conjunto de ideias bíblicas que dificilmente podem ser definidas, e as opiniões dos estudiosos diferem consideravelmente[2]. Bernard Dupuy afirma claramente que "não se pode abordar a questão do messianismo na Bíblia, supondo que a ideia messiânica seja uma noção clara em si mesma e definida de antemão"[3].

---

1. MOLTMANN, Jürgen. *O Caminho de Jesus Cristo: cristologia em dimensões messiânicas*. Petrópolis: Vozes, 1993, p. 43-44.

2. MESSIAS, MESSIANISMO. In: MCKENZIE, John L. Dicionário bíblico, São Paulo: Paulus, 1983, p. 605. Para um maior aprofundamento sobre as divergências a respeito desse tema no campo bíblico do AT, pode-se conferir as obras de MOWINCKEL e os diversos dicionários e enciclopédias.

3. DUPUY, Bernard. El messianismo. In: LAURET, Bernard; REFOULÉ, François. *Iniciación a la práctica de la teología*. Tomo II, Madrid: Cristiandad, 1984, p. 93.

Segundo Mowinckel, antes que Israel tivesse uma escatologia propriamente dita já ele apresentava características da escatologia. Nessa primitiva "esperança futura", o aspecto definidor era basicamente a aspiração da instauração do reino universal de Iahweh.

"A escatologia se desenvolveu a partir da esperança futura."[4] O conteúdo dessa expectativa se constitui sempre da régia soberania de Iahweh, comportando uma vinda vitoriosa e um ajuste de contas com os inimigos. Assim, faz parte dessa esperança futura ou escatológica o juízo, compreendido sempre como exaltação do povo eleito e castigo para os inimigos. Essa ideia prevalecerá com contornos diferentes nas diversas etapas do desenvolvimento da visão messiânica judaica.

O messianismo como escatológico, no judaísmo, conta com o fim da história, e isto se daria com uma intervenção do próprio Iahweh. Mas não devemos identificar simplesmente messianismo e escatologia, pois essas noções não são exatamente a mesma coisa. Difícil distingui-las, mas errôneo identificá-las. Resguardar a relação intrínseca e dialética entre as duas noções surge como a melhor postura a adotar.

A noção de messianismo se desenvolve na escatologia e apocalíptica judaicas e mantém ao menos a ideia de fundo de um fim da história. Talvez a melhor forma de apreender o significado do messianismo bíblico seja relacioná-lo à noção de Aliança. Através dela Israel se entende como povo guiado por Deus ao longo de sua história, e esta

---

4. MOWINCKEL, *El que ha de venir*, p. 146.

se dá de modo progressivo. Pela Aliança o reino de Iahweh se estabelece em Israel.

O messianismo marca, assim, a ideia de uma intervenção de Deus na história. A resposta ao "como" se dá essa intervenção é a questão que distingue os diversos "messianismos" ou as diferentes formas de compreender "o messianismo".

Com a monarquia vemos surgir uma nova configuração da esperança futura. Esta passa a contar com a participação de um rei ideal e, na época pós-exílica, com a restauração de Israel. Conforme a compreensão de Mowinckel a "esperança futura" tem dois polos: o político e o religioso. Tais polos compreendem duas dimensões de uma mesma realidade e não duas coisas separadas. Para ele o aspecto político da esperança judaica é inconfundível. Mantendo, todavia, o aspecto religioso (a eleição)[5].

O político e o religioso caminham juntos a partir de então. Surge daí a figura do Messias. Figura não isenta de ambiguidades, uma vez que se apresentam outras configurações do messias: profeta, sacerdote etc. Mas, indiscutivelmente, o messias régio ocupa um lugar destacável nesse processo.

Segundo Coppens, o termo "Messias", "munido de artigo, empregado sem complemento, acaba por significar o Rei ideal do devir escatológico, o libertador definitivo e o instaurador do reino não menos definitivo de Iahweh"[6].

---

5. Mowinckel, *El que ha de venir*, p. 151.
6. "Muni de l'article, employé sans complément, le terme finit par signifier le Roi idéal de l'avenir eschatologique, le libérator définitif d'Israel et l'instaurateur du royaume non moins définitif de Yahvé"; Coppens, Joseph, L'attente messianique en Israël. In: Coppens, Joseph;

Essencialmente essa é a configuração da espera de um messias real largamente difundida na época de Jesus.

Vale ressaltar o caráter único do messianismo israelita frente às formas messiânicas de outras culturas no seu entorno. O distintivo é consequência da concepção bíblica linear da história, como processo em direção a um termo final, definitivo. Aqui se torna facilmente compreensível o tempo como irrepetível e a espera de um "tempo messiânico", bem como a necessidade de compreender o agente dessa ação.

A concepção judaica de tempo se articula a partir das noções de *olam hazzéh* (este mundo, nossa atualidade) e *olam rabbá* (mundo que vem, mundo vindouro). Ao primeiro corresponde a duração do mundo, da criação ao seu fim; e ao segundo corresponde a eternidade intemporal que se segue ao fim do mundo. Por trás dessa compreensão do tempo se encontra a visão apocalíptica[7].

Resumindo, podemos dizer que o messianismo tem algo que lhe é próprio, um núcleo não dispensável: a intervenção divina na história dos homens. No mais, suas configurações são abertas. A história dos "messianismos" prova-o.

Duquoc, Christian; LAPLANTINE, François. Messianisme. *Catholicisme hier, aujourd'hui, demain*, cl. 10.

7. AGAMBEN, Giorgio. *El tiempo que resta. Comentario a la carta a los Romanos*. Madrid: Trotta, 2006, p. 68. O autor alerta para a identificação não justificada entre "escatológico" e "messiânico" que tem implicações importantes na compreensão de tempo messiânico, e consequentemente no messianismo cristão. Apesar de uma visão rica, Agamben parece também identificar indevidamente "escatológico" e "apocalíptico".

2.1.1. Movimentos messiânicos: aspectos políticos e religiosos

Por muito tempo o messianismo foi considerado assunto próprio da religião judaica e das derivadas do tronco abraâmico, como nos lembra Coppens[8]. Contudo, o messianismo hoje é muito estudado no âmbito sociopolítico que, de certa forma, afasta-se do caráter mais religioso do mesmo.

Isso significa que o tema, agora, não tem como marca primeira o aspecto religioso. Ressalta ainda que "O messianismo se tornou, pois, um modelo universal de organizações sócio-religiosas, mas que induz diferentes sistemas de transformação possíveis"[9].

O messianismo emerge, antes, como movimento social de massas populares. Essa parece ser a concepção de Laplantine ao abordar o aspecto mais sociológico e filosófico do tema. Ele assim o define: "o messianismo é uma das respostas contra-aculturativas de uma sociedade ameaçada em seus fundamentos, vivendo uma crise de sua identidade e que busca se reestruturar por ela mesma ao redor de uma opção monoteísta e universal transformando seu desespero em esperança"[10].

---

8. "Le messianisme est donc devenu un modèle universel d'organisations socio-religieuses mais qui induit différents systèmes de transformation possibles" (COPPENS, L'attente messianique en Israël, cl. 9).

9. COPPENS, L'attente messianique en Israël, cl. 9.

10. "...le messianisme est une des ripostes contre-acculturatives d'une société menacée dans ses fondements, vivant une crise de son identité et qui cherche à se restructurer d'elle-même autour d'une option monothéiste et universelle en transformant son désespoir en espérance" (LAPLANTINE, François, Les messianismes politico-religieux, cl. 28).

Segundo esse autor, partindo dessa definição, torna-se possível formular uma "lei antropológica aproximada" em que se apresentam as condições necessárias para o surgimento de um movimento messiânico. Tais condições seriam: uma brutal desintegração de aspectos mais cotidianos da existência; o desequilíbrio advindo da situação anterior sentido como frustração; dispor de uma mitologia apropriada que lhe permita reencontrar a identidade perdida e a cristalização em uma personalidade carismática[11].

Mas a simples verificação dessas condições nos movimentos messiânicos analisados não a torna uma lei aplicável indistintamente. A história de alguns grupos étnicos mostra que esse processo não assume o esquema causa e efeito. Em alguns grupos as condições se verificam e não surge nenhum messias.

Laplantine segue a reflexão apresentando as fases de cada "resposta messiânica" vivenciadas nos movimentos político-religiosos. A inspiração das comunidades viria do momento mais forte da dominação, sendo sucedido pelo tempo da resistência, depois da efervescência profética, na espera do advento do Reino sobre a terra. Esta última etapa tem como figura emblemática o milenarismo. Duquoc apresenta quatro modelos de movimentos sociais de inspiração messiânica: o milenarismo, o ideal de cristandade, a concepção dualista e a ideia messiânica[12].

Laplantine chama ainda a atenção: a vinda do Reino como processo inacabado gera dois tipos de reações: ou o

---

11. LAPLANTINE, François. Les messianismes politico-religieux, cl. 28.
12. Cf. DUQUOC, Christian. *Mesianismo de Jesús y discreción de Dios: Ensayo sobre los límites de la cristología*, Madrid: Cristiandad, 1985.

"projeto messiânico" se desloca da terra para o céu (acusação feita ao cristianismo por não poucos pensadores semitas) ou se fixa num eterno presente. Isso poderia ser uma ameaça ao messianismo, ao compreendê-lo ou identificá-lo com o seu contrário, a utopia.

Por fim, Laplantine nos expõe as reações mais comuns aos messianismos. A primeira assume o messianismo na linha marxista do dado de fé. O proletariado é identificado com o messias sofredor. A segunda descarta o messianismo por considerá-lo sem fundamento científico ou porque esse faz referência à memória coletiva de um evento considerado ultrapassado. A última postura apresentada vê no messianismo um estágio anterior ao da maturidade política de determinado grupo social. O messianismo é visto como "momento negativo devendo ser superado."

Contudo, na opinião de Laplantine "o projeto messiânico em sua especificidade não se deixa absorver em categorias psicológicas do desejo nostálgico do absoluto e sociológico das utopias políticas"[13]. Ele é de outra ordem.

Verifica-se certa fluidez quando o assunto é o messianismo, de modo especial nas abordagens sociológicas e políticas. Aliás, essas duas abordagens não se separam quando o assunto tratado são os "movimentos messiânicos". E a perspectiva teológica, por sua vez, não caminha à revelia de uma aproximação senão sociológica, ao menos considera o contexto social dele.

Jon Sobrino se aproxima do horizonte sociológico ao refletir a necessidade do messianismo para uma parte do

---

13. LAPLANTINE, François. Les messianismes politico-religieux, cl. 35.

mundo. Afirma a centralidade do título de Messias porque também o messianismo é central para a compreensão de Jesus e necessário ao Terceiro Mundo, ao concretizar uma dimensão salvífica e expressar a experiência de libertação dos pobres[14].

Para ele, o Primeiro Mundo não tem necessidade nem de messias nem de messianismos, porque nele não há lugar para as utopias dos pobres. O Primeiro Mundo considera irreais e ilusórios tanto os messianismos como um messias. Sobrino avalia que a imensa maioria da humanidade, os pobres, necessita de utopias, e o Terceiro Mundo "segue esperando também a aparição de líderes que lhe deem esperança e lhe ofereçam caminhos de vida". O autor fundamenta sua postura principalmente na questão, para ele central, da relação entre o "mediador" — Jesus Ressuscitado e a "mediação" — o Reino de Deus. Em suas palavras: "Em nossa opinião, ocorreram duas coisas: tem-se dado prioridade ao mediador sobre a mediação, e o mediador tem sido compreendido eficazmente mais, segundo o modelo de *Filho de Deus* que segundo o de *Messias*"[15].

Já Ignacio Ellacuría, em um artigo intitulado "*Dimensión política del mesianismo de Jesús*"[16], apresenta uma reflexão aprofundada do aspecto político dele, lembrando,

---

14. SOBRINO, Jon. *A fé em Jesus Cristo: ensaio a partir das vítimas*. Petrópolis: Vozes, 2000, p. 217.
15. SOBRINO, Mesías y mesianismos: reflexiones desde El Salvador. *Concilium*, 246, 1993, p. 159-170.
16. Esse artigo foi publicado em *Estudios Sociales* 7 (1972), p. 81-105; reimpresso em *Búsqueda* 3 (1973), p. 24-45 e em *Teología política*, San Salvador, 1973, p. 23-43. Tivemos acesso ao mesmo apenas em versão eletrônica: <https://www.mercaba.org/FICHAS/Teologia_latina/dimen sion_politica_mesianismo.htm>. Acesso em 30 ago. 2023.

a exemplo do que fez Mowinckel, a inseparabilidade das duas dimensões: a política e a religiosa. Embora nesse artigo o objetivo seja entender o aspecto político do messianismo de Jesus, não esquece o fato de que Jesus transcende este aspecto.

Ellacuría procura apreender a autocompreensão de Jesus no que chama a "tentação-chave" de sua vida, a do falso messianismo, analisado principalmente no relato marcano e mateano da "confissão messiânica petrina". Ellacuría justifica a escolha da perícope para fundamentar a reflexão assinalando que ela esclarece ao mesmo tempo o caráter político e preciso do messianismo de Jesus, muito distinto de outros messianismos passados e atuais[17].

Em resumo: para a maior parte dos estudiosos do messianismo o campo epistemológico para sua reflexão é mesmo o sociológico. Reconhecem o caráter religioso que fortalece os movimentos populares, mas a reflexão parte sempre da análise sociológica e política de grupos específicos. Os pesquisadores veem nos movimentos caracterizados como "messianismos" uma clara reação de grupos marginalizados e dominados, desejosos de libertação; ansiosos por uma transformação de sua realidade de sofrimento. A carência e a superação dela é o "ponto" gerador de tais movimentos. A exceção, ao menos pontual, vem da reflexão muito filosófica e teológica de Ellacuría, para quem a preocupação com a história da salvação enquanto salvação da e na história encontra um equilíbrio importante.

---

17. ELLACURÍA, Ignacio. Dimensión política del mesianismo de Jesús.

2.1.2. O caráter triunfante do messianismo

Quem desenvolve bem a reflexão sobre esse ponto é o teólogo e historiador Solano Rossi[18]. Sua reflexão permite ser classificada perfeitamente como uma abordagem sociológica do messianismo. Seu pensamento se constrói pela análise de teóricos, sociólogos e historiadores como ele, e trabalha as noções de utopia, paraíso, mito (progresso, abundância) para a compreensão da gênese dos movimentos ditos messiânicos. Através de suas análises nos aproximaremos de uma determinada forma de apreender o messianismo, portanto, de compreender o conteúdo desse conceito.

A primeira constatação do autor ao refletir o trabalho dos historiadores é a ligação intrínseca operada por esses estudiosos entre o messianismo e a pobreza. Para a grande maioria "messianismo" e "utopia" são elementos próprios e exclusivos das classes pobres[19]. Contudo, sua intenção é demonstrar que há um equívoco tácito em todos eles ao fazerem tal afirmação.

Segundo ele há duas formas de ver o messianismo. A primeira delas é a que parte da realidade de pobreza e opressão. Nessa o olhar se mantém na figura do messias como sujeito de ação e com a responsabilidade de transformar a realidade de sofrimento. O aspecto da vitória assume aí um lugar essencial[20].

---

18. Luiz Alexandre SOLANO ROSSI possui pós-doutorado em História Antiga pela Unicamp e pós-doutorado em Teologia pelo Fuller Theological Seminary da Califórnia. A obra base para nosso estudo é *Messianismo e Modernidade: repensando o messianismo a partir das vítimas*, São Paulo: Paulus, 2002.
19. SOLANO ROSSI, *Messianismo e Modernidade*, p. 14.
20. SOLANO ROSSI, *Messianismo e Modernidade*, p. 12.

Mas as chamadas classes dominantes também apresentam um discurso messiânico. Nesse ponto se encontra a diferença entre seu pensamento e o dos autores apresentados por ele. O discurso messiânico das classes dominantes se verifica quando essas elevam uma instituição humana à condição de perfeição e com possibilidade de solucionar os problemas básicos e satisfazer as necessidades humanas. Nessa segunda forma de messianismo, além da ideia de vitória, o mito do progresso faz sua aparição e ocupa um lugar importante.

A compreensão judaico-cristã do tempo irreversível, portanto o estabelecimento de uma visão linear da história, preparou a mente humana para a ideia de progresso. Seguindo essa perspectiva o "progresso seria, então, uma afirmação de perfectibilidade da humanidade, nomeada principalmente pelo componente econômico. Componente que conduz à ideia de um progresso econômico ilimitado"[21].

O autor chega à afirmação de três tipos de operacionalização messiânica. A primeira delas seria a que espera a "interrupção abrupta da história por um messias celestial" (apocalíptica); a segunda espera o "mundo novo a partir da ação como, por exemplo, dos pobres e a construção do paraíso"; e a terceira seria a "instituição do sistema dominante como messias, no caso do capitalismo, o sistema de mercado"[22], conduziria a realização dos sonhos humanos.

Solano Rossi demonstra como "messianismo" e "utopia" estão presentes em todas as classes sociais. Ele

---

21. SOLANO ROSSI, *Messianismo e Modernidade*, p. 71.
22. SOLANO ROSSI, *Messianismo e Modernidade*, p. 77.

entende que as duas configurações do messianismo, tanto a dos pobres quanto a das classes dominantes, são insuficientes para dar conta da realidade, ambas configurações vistas como transformação factível da realidade fundadas na noção de "vitória" como consequência do messianismo e da vinda do messias.

Uma das características centrais do messianismo, segundo uma abordagem histórico-sociológica, é a crença na interferência de Deus nas transformações a serem operadas no mundo. Daí que para compreender a "expectativa messiânica" nas sociedades seja necessário levar a sério algumas noções. A primeira delas é a noção de realidade.

De acordo com Solano Rossi, uma situação pode ser compreendida de dois modos: como sendo "a realidade" e isto significaria que realiza todas as possibilidades; ou como uma "realidade possível" comportando um "não ser", um "poder ser" e ainda um "dever ser".[23] Esta noção, juntamente com outras, aparece como chave para a compreensão do messianismo ou da utopia, enquanto condição epistemológica para conhecer e julgar a realidade presente como passível de mudança.

A utopia ou o messianismo supõem uma realidade ideal que nos autoriza a agir na história atual para transformá-la. Utopia não significa alienação ou fuga da realidade, mas condição de possibilidade de ação. Essa perspectiva, chamada aqui de utópica, evoca claramente a ideia judaica de *olam rabbá* (mundo que vem, mundo vindouro), do qual se origina a noção de "tempo

---

23. Solano Rossi, *Messianismo e Modernidade*, p. 96.

messiânico"[24]. O tempo de paz e justiça a nos dizer constantemente que ainda não vivemos, em plenitude, o Reino de Deus em nosso meio.

Em resumo, a proposta de Solano Rossi fundamentalmente compreende reinterpretar os messianismos de hoje à luz do messianismo de Jesus, tal como interpretado por seus discípulos. Isso significa seguir a lógica mais genuína e, por isso mesmo, a mais escandalosa: um messianismo que conta com o fracasso no nível do factual histórico e não com uma vitória gloriosa. Esse messianismo tem como símbolo o escândalo da cruz.

Por isso pensar o messianismo a partir de Jesus exige uma mudança de atitude frente à realidade. Faz-se necessário pensar o Messias não como vencedor, mas como justo e solidário com os pobres. Jesus é Messias não porque é vencedor. É messias porque é justo. A grande novidade trazida por Jesus se torna então a consciência de que Deus é solidário com os pobres. Deus fica ao lado dos pobres, sofredores, marginalizados e não dos vencedores.

2.1.3. Duquoc e o antimessianismo

No segundo tomo de sua cristologia, intitulado "o Messias", Duquoc desenvolve a reflexão sobre o messianismo de Jesus utilizando para tal o termo "antimessianismo". Esta é a única obra do autor em que aparece esse

---

24. Mais sobre o tema na tese de ANDRADE, Aíla Luzia Pinheiro de. *À maneira de Melquisedeque: o Messias segundo o judaísmo e os desafios da cristologia no contexto neotestamentário e hoje*. Belo Horizonte: FAJE, 2008. E ainda a excelente obra de AGAMBEN, Giorgio. *El tiempo que resta. Comentario a la carta a los Romanos*. Madrid: Trotta, 2006.

termo. Mas, afinal, o que pensa Duquoc quando fala de antimessianismo e antimessias?

Ao refletir sobre o messianismo Duquoc se refere, com muita propriedade, à relação entre a história pessoal de Jesus Cristo e a incidência dessa mesma vida em nossa história. Essa perspectiva é chamada de Redenção. Ele a pensa partindo da relação entre Cruz e Ressurreição, e essas em íntima conexão com o sentido que o próprio Jesus deu à sua vida. Este sentido Duquoc define como "luta por causa da justiça"[25].

Com isso o autor quer refletir a messianidade de Jesus, mas com a ideia de inversão, segundo a qual Jesus é identificado depois da Páscoa como o Messias esperado por Israel. Durante sua vida terrena ele teria aceitado e assumido o título e o papel de profeta, e recusado o título de messias por não corresponder às imagens do Messias moldadas pela espera messiânica[26].

O autor visa à afirmação da originalidade do messianismo de Jesus, apoiando-se em suas ações e palavras, como cumprimento da Promessa divina que é a instauração do Reino de justiça. Mas lembra que a justiça se cumpre a título de Promessa. O Reino de Deus, o reino de justiça já se faz presente, mas sua plenitude é Promessa. É objeto de esperança.

Sua exposição sobre o messianismo está em íntima continuidade com o exposto em nosso primeiro capítulo a respeito do messianismo do Servo. A afirmação constante

---

25. Duquoc, Christian. *Cristologia: ensaio dogmático: o Messias*, São Paulo: Loyola, 1980.

26. Duquoc, Messianisme de Jésus, cl. 22.

da originalidade visa esclarecer a distância fundamental entre, por um lado, o que foi a vida, pregação e ação de Jesus e, por outro lado, as configurações messiânicas judaicas carregadas de vitória e exaltação. Por isso não hesita em dizer que a "luta concreta de Jesus por causa da justiça consiste primeiramente em destruir a imagem do Messias"[27]. O que pretende sem dúvida é corrigir a visão vitoriosa do Ressuscitado desligada do Crucificado.

Quanto à reflexão em si, concordamos com o ponto de chegada e com boa parte do percurso feito pelo autor. Contudo consideramos no mínimo problemática a opção do autor pelos termos "antimessianismo" e "antimessias" para se referir a Jesus. Embora deixe clara sua intenção, esses termos podem levar a reducionismos ou confusões por uma simples razão filológica.

A partícula "anti" é usada para marcar a oposição ou o combate a determinada coisa[28]. Isso pode induzir a erros porque, tentando corrigir uma visão do messianismo ou querendo marcar a distinção do messianismo cristão, afirma-se o contrário, ou seja, nega-se a messianidade de Jesus. Ainda que seja no nível formal.

Incorremos no risco de apoiar muito apressadamente a negação da confissão messiânica em Jesus, como faz o ju-

---

27. Duquoc, *Cristologia: ensaio dogmático*, p. 223.
28. De acordo com o Dicionário Houaiss Língua Portuguesa o prefixo "anti" vem "da prep.pref.gr. anti, "'em frente de, de encontro a, contra, em lugar de, em oposição a'; entra, de início, na língua em pal. já formadas em gr., a partir do século XVI, tornando-se já no século XIX extremamente fecundo, a ponto de ser informalmente usado como substantivo (é um ânti = é do contra) e potencializar todo tipo de derivados *ad hoc* com a noção de oposição ou contrariedade."

daísmo em geral. Mesmo que a diferença essencial entre judeus e cristãos, como bem nos lembra Lauret, "não passe primeiramente por uma questão de pessoa, no sentido de que os judeus se oporiam a Jesus — antes que um outro — fosse reconhecido como messias, mas sobre o modo como esse reconhecimento pela dogmática cristã abole o messianismo judaico..."[29].

As tentativas de compreender o messianismo em geral e o messianismo de Jesus, em particular, são muitas. Os evangelhos também são reflexões sobre a pessoa de Jesus confessado messias, mas no nível do testemunho. Vejamos como isso é testemunhado no Evangelho de Marcos.

2.2. Jesus: o messias diferente

O caráter diferente da confissão de fé em Jesus como messias feita pelos primeiros cristãos parece necessitar ser resgatado de tempos em tempos, quando ressurgem os movimentos messiânicos carregados de expectativas vitoriosas e de imediatez, próprios de momentos de aflição aguda.

Se o nosso tempo não se configura como um momento de aflição pungente, revela-se como um tempo sedento de mudanças. Repleto de um desejo de progresso, de sucesso e de abundância, próprios das figuras do paraíso e do tempo messiânico.

Os Evangelhos, entretanto, apresentam-nos um messias um pouco distinto das figuras idealizadas nas expectativas messiânicas do tempo de Jesus. O relato marcano é o

---

29. LAURET, Messianisme et christologie sont-ils compatibles?, p. 124.

que mais acentua essa distinção. Nele a catequese do discipulado se faz de modo pedagógico, no caminho com o Mestre até a cruz. O caminho doloroso e glorioso do Messias é, ou deve ser, o caminho da comunidade que o segue.

No primeiro capítulo de nosso estudo consideramos a primeira parte do Evangelho de Marcos, tendo em vista a divisão bipartida. Agora voltamo-nos para a segunda e decisiva parte do escrito. Essa parte do Evangelho de Marcos é marcada pelo tema do destino do Messias — Filho do Homem, de sua paixão e morte de cruz.

Ainda na segunda parte do Evangelho se torna clara a necessidade de desconstruir antigas certezas e abrir os olhos, a exemplo do cego de Betsaida (Mc 8,22-26) à revelação de Deus e de sua ação em seu enviado.

2.2.1. Estrutura do relato marcano e singularidade do messias Jesus

Pensamos que seria muito esclarecedor visualizar, além da estrutura bipartida do Evangelho, iluminada pelo eixo teológico do segredo messiânico, tal como assinalamos no capítulo anterior, outra perspectiva estrutural capaz de revelar, de modo genuíno, a mensagem de Marcos a respeito do destino singular do Messias. Dois autores nos ajudarão de modo especial nessa reflexão: Minette de Tillesse e Gerd Theissen. As diferenças entre eles podem ser instigantes.

Segundo Minette de Tillesse há três *"cristofanias"* que enquadram todo o Evangelho de Marcos. Essas são: batismo, transfiguração e crucificação. A localização dessas *"cristofanias"* é igualmente considerável, pois apresentam-se em pontos estratégicos, ou seja, no início, no centro e no fim do relato marcano.

Essas narrativas, nesses lugares determinados, formam a estrutura do Evangelho e dão densidade teológica à mensagem. Elas seriam uma espécie de cristalização de tudo o que acontece na atividade de Jesus, a revelação fulgurante do que fora mencionado de modo velado nas demais narrativas[30].

O autor nos recorda que o primeiro aparecimento de Jesus é uma teofania. Jesus é batizado (*ebaptísthē*). O verbo está no passivo. Seu batismo não é uma ação sua. Vale lembrar, segundo Minette de Tillesse, que no Novo Testamento, e em Marcos especificamente, o batismo é símbolo da morte. Assim seu batismo é um programa de todo seu destino messiânico.

A ligação que o evangelista faz entre batismo e teofania, portanto, entre paixão e glória, morte e ressurreição não deixam margem à dúvida: seu relato apresenta, intrinsecamente, duas facetas inseparáveis e aparentemente contraditórias.

Em Marcos "a morte e a exaltação são totalmente inseparáveis, desde o princípio, em função mesmo da vocação messiânica de Jesus"[31]. Já a transfiguração (9,2-8) situa-se no início da segunda parte do Evangelho e o ilumina até o desfecho, desde 8,27 a 16,8. Após a confissão de fé da Igreja, simbolizada na figura de Pedro, vem a confirmação divina dessa mesma confissão: "Este é meu Filho amado".

---

30. MINETTE DE TILLESSE, George. Evangelho segundo Marcos. Análise estrutural e teológica. *Revista Bíblica Brasileira*, v. 9, n. 1-2, 1992, p. 91.
31. MINETTE DE TILLESSE, George. Evangelho segundo Marcos. *Revista Bíblica Brasileira*, v. 5, n. 4, 1988, p. 146.

Nesse momento exato reiteramos, juntamente com Minette de Tillesse, as duas facetas da mensagem marcana citadas acima: Glória e Paixão. É por isso que entre a confissão de Pedro e a confirmação divina está o primeiro anúncio da paixão. "Essa conexão radical condensa toda a mensagem de Marcos: Glória e Cruz se condicionam uma à outra. Jesus deve ser entronizado na Glória, mas esta Glória cumprir-se-á na Cruz."[32]

Lembramos que a única diferença textual entre batismo e transfiguração se refere à voz celeste se dirigindo, agora, aos discípulos que acabaram de confessar a Jesus como messias. Obviamente a transfiguração é também antecipação da Ressurreição, pois esta, igualmente, é inseparável da paixão. Em Marcos, Paixão e Ressurreição são duas faces da mesma moeda.

A terceira grande manifestação se esboça: a crucificação (15,33-39). Por isso o autor toma, como fim do Evangelho de Marcos, o final mais atestado pelos melhores códices em 16,8. De acordo com Minette de Tillesse, Marcos não julgou conveniente incluir narrações sobre as aparições do Ressuscitado porque sua mensagem culminava na Crucificação de Jesus e essas narrativas acabariam por enfraquecer sua narrativa.

Assim nosso autor justifica sua reflexão assinalando o caráter de teofania de cada um dos relatos elencados aqui. No Batismo, os céus rasgados, o Espírito, a Voz celeste; na Transfiguração, a nuvem, a Voz celeste; na Crucificação, as trevas da 6ª a 9ª hora. A voz, aqui, é substituída pelo

---

32. MINETTE DE TILLESSE, Evangelho segundo Marcos, p. 147.

grito[33] de Jesus e a voz do centurião pagão que reconhece nesse Homem o Filho de Deus. Os relatos do Batismo e Transfiguração foram considerados no capítulo anterior e, aqui, basta-nos evocá-los. A teofania da cruz[34] necessita, entretanto, de um esclarecimento.

Os dados do relato marcano são muito sóbrios, mas isso não significa a falta de uma teofania, ao contrário, toda ela foi preparada pelas teofanias do Batismo e Transfiguração[35]. Na crucificação de Jesus o caráter teofânico é marcado pelas trevas. Ao morrer crucificado, aquele que é a Luz do mundo se ausenta e as trevas ocupam seu lugar. Mas essa ausência também tem seu aspecto passageiro, da sexta à nona hora, "qual vigília de uma noite que passou" (Sl 90,4).

O véu "se rasga", a exemplo dos "céus rasgados" do batismo, e põe fim à separação entre o céu e a terra. Por fim, o "expirou" de Jesus é comumente relacionado com o Espírito. O mesmo Espírito que no batismo desce e permanece em Jesus é expirado agora, é comunicado aos seus seguidores. "O espírito é conferido pelo gesto simbólico do sopro, assim como Deus insuflou vida ao corpo do homem (Gn 2,7), Jesus comunica o seu espírito"[36].

O Espírito é o dom por excelência dos tempos messiânicos, de sorte que o messias estará pleno do Espírito de

---

33. Segundo Minette de Tillesse o "grito" é a "voz", a "grande voz".
34. Cf. Bauer, Johannes Baptist. *Dicionário bíblico-teológico*. São Paulo: Loyola, 2000, p. 75-81.
35. Minette de Tillesse, Evangelho segundo Marcos, p. 102.
36. Espírito. In: McKenzie, *Dicionário bíblico*, p. 307.

Deus. Segundo o desenvolvimento teológico de Xavier Pikaza[37], o que se diz do Cristo em Calcedônia, que é Um e o Mesmo, deve-se aplicar ao Espírito. O Espírito de Deus faz possível o surgimento do messias, mas o mesmo Espírito é de Cristo e ele pode comunicá-lo aos seus.

No Batismo, pela unção com o Espírito há a "investidura messiânica"; na crucificação o tema essencial da entronização real aparece com a inscrição da cruz, "O Rei dos Judeus", lembrando que a cruz é o trono real do Messias pleno do Espírito de Deus. Desse modo o "Batismo era o programa e o ponto de partida do Evangelho; a Transfiguração é de algum modo o cume e a Crucificação o termo, o ponto de chegada"[38].

A relação dessas três cenas aparece nos detalhes assinalados pelo autor, ou seja, o batismo era precedido pela confissão de João; a transfiguração, pela confissão de Pedro; a crucificação, pela confissão de Jesus diante do Sinédrio (14,62) e seguida pela confissão do centurião romano (15,39).

Segundo nosso autor, cada cena precedente às cristofanias porta uma "profecia" que se realiza de algum modo

---

37. Pikaza, Xabier. *El Espíritu Santo y Jesús*. Delimitación del Espírito Santo y relaciones entre Pneumatología y Cristología, Salamanca: Secretariado Trinitario, 1982, p. 43. Nessa obra magistral o autor trabalha o lugar ocupado na teologia pela cristologia e pneumatologia, buscando explicitar o porquê da precedência cristológica e uma correção dessa dinâmica. Busca a valorização das duas perspectivas através de uma conjunção no discurso, pois, já existe de fato no mistério cristão. Por uma questão de delimitação de nosso estudo, ater-nos-emos mais aos pontos 3 e 4 que tratam diretamente de nosso assunto.
38. Minette de Tillesse, Evangelho segundo Marcos, p. 150.

na cena principal. Assim, a profecia pronunciada por Jesus perante o Sinédrio — *"e vereis o Filho do Homem sentar à direita da Potência e vir com as nuvens do céu"* (Mc 14,62) — se cumpre na cruz ao manifestar Jesus como o messias perante o mundo pagão, marcada aqui pela confissão do centurião. Os termos dessa última confissão são significativos, pois ao dizer "este Homem" faz alusão ao Filho do Homem da confissão de Jesus.

Gerd Theissen, numa obra mais recente[39] e com outra perspectiva, apresenta-nos uma leitura da estrutura do Evangelho de Marcos que se aproxima em muitos pontos dessa que acabamos de expor. Contudo, as diferenças me parecem bem significativas e enriquecedoras. Ao refletir o caminho do cristianismo rumo a um universo simbólico próprio, ou seja, distinto do judaísmo, o autor apresenta o Evangelho de Marcos como uma "delimitação ritual em relação ao judaísmo". Theissen começa pelo esclarecimento do Evangelho como sendo a apresentação de Jesus terrestre como epifania de um ser celeste.

A glória do Ressuscitado aparece no Jesus terrestre através de três cenas de "epifania". Essas são: batismo, transfiguração (aqui aparece a distinção) e o sepulcro vazio. Se nas duas primeiras cenas a voz celeste apresenta Jesus como Filho de Deus, na última o anjo é quem anuncia a entrada de Jesus no mundo celeste. Afirma que as três cenas de epifanias são preparadas por confissões humanas. O detalhe perspicaz dessas confissões é o caráter insuficiente delas em

---

39. THEISSEN, Gerd. *A religião dos primeiros cristãos: Uma teoria do cristianismo primitivo*. São Paulo: Paulinas, 2009, p. 236-241.

relação à mensagem celeste. Assim assinala a ação de João Batista ao anunciar o mais forte. A voz celeste vai além, ele não só é o mais forte, ele é o "Filho de Deus".

Seguindo o mesmo esquema vemos, pouco antes da transfiguração, Pedro confessar Jesus como Messias. Novamente a voz celeste extrapola a afirmação humana e revela aos discípulos a filiação divina — "este é meu Filho amado" (9,7). Por fim a confissão do centurião sob a cruz. Ele confessa Jesus como Filho de Deus e é a primeira criatura humana a fazer isto. Aqui reside a novidade maior. Para Theissen essa confissão ainda é provisória, pois o centurião diz que Jesus "era" o Filho de Deus. Segundo o autor a correção da confissão do centurião virá com o anúncio do anjo no túmulo. Já que o Ressuscitado vive, ele "é" o Filho de Deus.

Ambas as leituras são válidas e enriquecem bastante o texto, mas corroboramos a primeira leitura apresentada porque, em nossa perspectiva, parece mais coerente com a estrutura do drama marcano. Revela Jesus como Messias e Filho de Deus ao longo de todo texto, conforme o messianismo do Filho do Homem relido à luz do Servo sofredor de Isaías.

2.2.2. A confissão de Cesareia: a tentação do messias

Antes de considerar os anúncios da paixão consideremos, mesmo brevemente, a confissão messiânica de Pedro. Ela tem importância capital no Evangelho de Marcos, de modo que em qualquer reflexão sobre esse evangelho nos deparamos com uma consideração dessa perícope particular.

A confissão de Cesareia constitui a "mola propulsora" do ensino aberto feito por Jesus. Em toda a primeira parte, o ensinamento se dava de modo velado, bem como a revelação de sua messianidade. Agora esse ensino toma nova configuração. O caráter distinto de sua messianidade e suas consequências passam ao primeiro plano da pregação. Também a questão dos destinatários do ensinamento se torna mais precisa: os discípulos.

A urgência do anúncio, na primeira parte, cede lugar ao aprofundamento desse anúncio. Antes, o relato marcano testemunha que Jesus ensinava, mas o objeto deste ensino não era declarado. Agora, o ensino de Jesus é claro e direto: a paixão, morte e ressurreição do Filho do Homem. Os "anúncios da paixão" explicitam esse ensino. Após cada anúncio segue-se um ensinamento visando o esclarecimento dos discípulos na compreensão do Mestre.

Faz-se necessário compreender com o coração e com a alma a ação de Deus na vida de seu enviado e na de seus seguidores. Por isso, antes de considerarmos as predições da paixão e suas implicações na cristologia marcana, buscaremos delimitar o arco narrativo no qual o surpreendente messianismo de Jesus se delineia.

Todas as narrativas da primeira parte servem de preparação até chegar ao ponto alto: a confissão de Pedro "Jesus é o messias". Essa confissão foi motivada pela pergunta do próprio Jesus — "*E vós, quem dizeis que eu sou?*" O "eu sou" interrogativo de Jesus nesse momento se torna uma afirmação em resposta ao questionamento do Sinédrio (Mc 14,62).

À pergunta do Sumo Sacerdote Jesus responde: "Eu sou". E essa revelação gera uma reação imediata: a condenação à morte por blasfêmia. O "eu sou" de Jesus na primeira e na segunda narrativa fazem uma inclusão na qual as predições da paixão e o ensinamento sobre a morte do messias encontram seu lugar.

Há, no entanto, um ponto a mais na confissão de Pedro a merecer nossa atenção. Segundo Ellacuría[40], os sinóticos nos trazem três tentações de Jesus em relação ao messianismo. A primeira corresponde às três tentações no deserto, atestadas em Mateus e Lucas. (Consideradas pelo autor como uma unidade devido ao conjunto temático que abarcam.) A segunda, transmitida por Marcos e atestada nos três sinóticos, embora seja de Marcos e de Mateus, seguindo sua fonte, o acento da confissão de Pedro como tentação. A terceira, atestada por Lucas, é a tentação do Horto das Oliveiras.

Voltemos ao relato marcano. Aqui se encontra um dado importante para nossa reflexão: o falso messianismo como tentação. Ellacuría denomina "falso messianismo" o messianismo essencialmente político, esperado e desejado pelo povo em geral, inclusive os discípulos[41]. A reação de Pedro ao anúncio do sofrimento e morte do Messias demonstra claramente o tipo de messianismo desejado e esperado.

2.2.3. Anúncios da paixão: antecedentes da cruz do messias

Importa considerar ou rememorar o papel catequético fundamental dos anúncios da paixão no Evangelho de

---

40. ELLACURÍA, Dimensión política del mesianismo de Jesús.
41. A mesma ideia encontra-se em MOWINCKEL, *El que ha de venir*, p. 489.

Marcos. Como ventilamos no primeiro capítulo, o escrito marcano apresenta um crescendo na narrativa em que primeiro Jesus vai, através de seus ensinamentos por palavras e atos, revelando sua condição de messias.

Mas, ao mesmo tempo em que suas ações o revelam, sua atitude em relação às perspectivas messiânicas vigentes velam-no. Porque sua messianidade não corresponde aos modelos.

Não só de milagres, portentos e vitórias se constitui o messianismo. Daí que, logo após a confissão de Jesus Messias, segue-se uma série de ensinamentos sobre o sofrimento, articulados pelos três anúncios da paixão. Esses preparam o relato do padecimento e morte em Jerusalém do messias Filho do Homem, como cumprimento das Escrituras. Como isso é possível?

Segundo Minette de Tillesse, Marcos acentua bastante o caráter sofredor do Filho do Homem, mas não crê poder atribuir ao evangelista os textos que tratam do tema[42]. Minette de Tillesse assinala a relação de correspondência entre as três predições da paixão e os três anúncios da parusia. Aliás, ele prefere especificar que são as predições da paixão que respondem aos três anúncios da glória.

O fato de alguns autores pensarem as predições como redacionais, ao menos a segunda e a terceira, revelam a importância desses textos na estrutura da mensagem teológica do escrito evangélico. Conforme Minette de Tillesse, o terceiro anúncio da paixão apresenta uma riqueza de detalhes que corresponde, e por isso antecipa de certo modo, a pai-

---

42. MINETTE DE TILLESSE, *Le secret messianique*, p. 375.

xão[43]. A relação se dá de modo a aparecer o "é necessário" divino da profecia que se realiza.

Se aceitarmos a hipótese de uma única "predição da paixão" primitiva, desdobrada por Marcos em vista da estruturação, o conteúdo dessa deve ser buscado no núcleo comum aos três textos. Reproduzimos abaixo a comparação feita pelo autor visando à clareza da mensagem dos anúncios.

Mc 8,31	Mc 9,31	Mc 10,33-34
É preciso que o Filho do Homem sofra muito e seja rejeitado pelos anciãos, os sumos sacerdotes e os escribas, que seja levado à morte e que após três dias ele ressuscite.	O Filho do Homem é entregue às mãos dos homens. Eles o levarão à morte, e, levado à morte, após três dias ele ressuscitará.	O Filho do Homem será entregue aos sumos sacerdotes e aos escribas... Eles o levarão à morte, e após três dias ele ressuscitará.

Os dados sobre a ressurreição são mínimos, aliás, o evangelista apenas cita. Sua teologia, e portanto sua cristologia, é da paixão, por isso não desenvolve o tema. Marcos parece querer corrigir um acento demasiado forte na ressurreição em detrimento da paixão. Daí o esforço em preparar os membros de sua comunidade para serem seguidores de Jesus messias na condição de Servo: o Filho do Homem.

Para Minette de Tillesse não há dúvida da utilização por Marcos de um *logion* tradicional a respeito do sofrimento do Filho do Homem. Essa ideia se torna compreen-

---

43. MINETTE DE TILLESSE, *Le secret messianique*, p. 376.

sível e verossímil porque é precisamente quando fala do sofrimento do filho do homem que Marcos reenvia seu leitor à Escritura.

Marcos faz referência à Escritura, mas não é tão simples identificar a qual texto se refere. A citação sem maiores explicações faz supor que "no momento em que o evangelista redigia seu escrito já existia uma tradição identificando o Filho do Homem ao servo sofredor"[44].

2.2.4. O messias crucificado: condição singular do Filho do Homem

Nesse ponto se encontra o paradoxo por excelência da fé cristã. Nossa salvação não se configura como constatação de uma vitória triunfal sobre os perseguidores, conforme os modelos messiânicos amplamente difundidos e preparados com esmero. Nosso Messias, nosso mediador da salvação divina se revela em plenitude no momento de maior negação das aspirações humanas. Deus mostra sua face de modo surpreendente!

2.2.4.1. A morte do messias: o drama

Ao nos determos na reflexão do relato da paixão, necessitamos de algumas considerações prévias, mesmo que pareçam à primeira vista supérfluas. Não esqueçamos que Marcos proclama o acontecimento. Seu estilo é vivaz e sem rodeios. O relato, um testemunho, por isso não concede espaço para amenizações ou explicações.

---

44. MINETTE DE TILLESSE, *Le secret messianique*, p. 382.

Ao contrário, Marcos parece querer chocar seus ouvintes/leitores descortinando os fatos como um drama. Acentua contrastes e sublinha o paradoxal: a cruz é escandalosa, mas através dela é que se revela o Filho de Deus.

A cena da prisão de Jesus segue exatamente o esquema da acentuação do paradoxo. Não há no relato marcano nenhuma palavra de Jesus a Judas ou aos discípulos, apenas aos que vieram prendê-lo. Suas palavras ressaltam o absurdo da situação e nada mais.

Após a prisão de Jesus se inicia propriamente o processo. Primeiro é entregue à autoridade de seu próprio povo. Este é o chamado processo judeu, já que Jesus foi julgado em duas instâncias: religiosa e política.

Diante do Sinédrio vemos a cena transcorrer, como no restante de sua narrativa, em contrastes; o paradoxo dá o tom da cena. As acusações apresentadas não surtem o efeito esperado. Ao invés de demonstrar a culpabilidade do acusado, revelam sua dignidade.

Isto se dá, por um lado, porque os testemunhos não concordam entre si e também porque Jesus, ao ser interrogado pelo Sumo Sacerdote, faz uma declaração pública de sua messianidade transcendente. Por outro lado, o paradoxo é que, diante da revelação da pessoa de Jesus, não há uma reação positiva, ao contrário, é acusado de blasfêmia e declarado réu de morte.

A principal questão no processo religioso não era a messianidade em si. Declarar-se um messias não era nenhum crime. Mas a declaração de Jesus insinua que ele é "o messias" sem corresponder às imagens messiânicas; sem se conformar inteiramente com os modelos esperados; e sem que se verificassem de imediato, na história, os bens messiânicos que o messias traria[45]. Está claro que o Sumo Sacerdote, bem como o restante do Sinédrio, viu algo mais na declaração de Jesus e, por isso mesmo, a acusação de blasfêmia e a sentença de morte.

Ao processo judeu segue o processo romano. Na cena seguinte temos a apresentação de Jesus perante Pilatos. A carência de detalhes, a exemplo das outras cenas, demonstra que não era interesse do evangelista explicar demasiadamente. À pergunta de Pilatos, feita, aliás, sem nenhuma preparação, Jesus responde de modo quase obscuro — "És tu o rei dos judeus?" (15,2) — "Tu o dizes", eis a resposta e nada mais. O processo romano é o do Rei dos Judeus.

Como ressalta Albert Vanhoye[46], esse é um processo estranho, pois o "rei dos judeus", inocente, ao ser colocado lado a lado com um sedicioso homicida é preterido em relação ao último e se lhe impõem a morte de cruz. Esse era o suplício destinado aos traidores e contestadores da política romana. Pilatos cede ao desejo da multidão. Impressiona a cena dos "escárnios" infligidos a Jesus pelos soldados, que chegam a fazer uma espécie de encenação irônica do rei com coroa, manto de púrpura e homenagens. O desígnio divino surge no drama marcano de modo invertido.

Após a condenação ao suplício da cruz, Jesus é conduzido ao Calvário e lá crucificado. A crucificação é

---

45. Dupuy, Bernard. El messianismo. In: Lauret, Bernard; Refoulé, François. *Iniciación a la práctica de la teología*. Tomo II. Madrid: Cristianidad, 1984, p. 107.

46. Vanhoye, Albert. Las diversas perspectivas de los cuatro relatos evangélicos de la pasión. <http://servicioskoinonia.org/relat/218.htm>. Consultado em 20 maio 2010.

o resultado do processo romano. Os acontecimentos são desconcertantes e o paradoxo presente nas palavras se faz presente nos fatos: Jesus é declarado rei dos judeus exatamente quando a situação contradiz esta dignidade do modo mais chocante.

No momento da crucificação as acusações do processo judeu, ou religioso, se unem no cumprimento da sentença romana. As ironias e acusações lançadas a Jesus na cruz são de ordem religiosa: o dito sobre a destruição do templo e sua messianidade diferente.

Segundo a visão puramente humana de seus contemporâneos, para demonstrar sua messianidade ele teria necessariamente que "descer da cruz", vencer os inimigos e, principalmente, escapar da morte. Se não é capaz de fazer isso não se pode crer. Essa é a condição imposta pelos sacerdotes e escribas (15,30-32).

A morte de Jesus na cruz é o momento de maior densidade dramática, e Marcos não pretende amenizar nada. O absurdo da cena, o contraditório e paradoxal, permanece. Segundo Vanhoye o evangelista "nos faz padecer o escândalo da cruz"[47]. Com a morte de Jesus parece que tudo acabou.

Nesse ponto determinado o evangelista, de modo genial, provoca um giro na narrativa aparentemente decepcionante. Marcos faz esse giro narrando que o véu do Templo se rasga de alto a baixo e um soldado pagão diante da morte de Jesus na cruz, um acontecimento corriqueiro para ele, proclama sua profissão de fé: "Este homem era Filho de Deus".

---

47. "Nos hace padecer el escándalo de la cruz" (VANHOYE, Albert. Las diversas perspectivas de los cuatro relatos evangélicos de la pasión.).

O paradoxo é para Marcos sua matéria prima. O véu que se rasga e a confissão do pagão são dois sinais marcando o sentido do acontecimento e revelando que das trevas surge a luz. Esses sinais foram preparados antes e com esmerado cuidado. Em Marcos a única acusação contra Jesus relatada no processo, e retomada na cruz, é a da destruição do Templo. O véu que se rasga no momento de sua morte está intimamente ligado às palavras de Jesus sobre a destruição do Templo, que para Marcos são uma verdadeira profecia, agora cumprida (cf. Mc 13,2).

Na predição da destruição do templo havia uma ligação imediata entre destruição e reconstrução. O templo destruído seria substituído logo por outro, não construído por mãos humanas. A confissão do centurião sublinha esse aspecto da reconstrução, ela tem, aqui, a função de marcar a adesão dos pagãos à fé e seu ingresso no novo templo conforme a profecia de Isaías 66,7: "minha casa será casa de oração para todas as nações" (Mc 11,7).

Se o primeiro sinal versava sobre a ação de Jesus, o segundo, a confissão do centurião, se refere à sua pessoa. A confissão do centurião faz o contraste com a ironia dos sacerdotes e escribas que precisavam vê-lo descer da cruz para crer em sua messianidade. Tudo isso se liga à confissão de Jesus diante do Sinédrio em que se define como Cristo, Filho do Bendito (14,61-62).

A confissão de Jesus diante do Sinédrio carrega uma importância sem par, porque ali se recolhem as tradições bíblicas mais importantes: a consignada no Salmo 110, em que o rei é chamado a sentar-se a direita de Deus; a tradição apocalíptica do "Filho do Homem" daniélico, que, aqui tem importância capital, e, por fim, a figura do Servo sofredor de Isaías. É à luz dessa tradição que o contexto de humilhação e de sofrimento não desmente a messianidade de Jesus, mas a garante.

2.2.4.2. A morte do messias: as razões

O processo e a morte de Jesus têm antecedentes em sua pregação e ação. Christian Duquoc reflete sobre o tema de modo especial na obra *Jesús, hombre libre*[48]. O dado a ser ressaltado primeiramente torna-se interessante por causa de sua aparente obviedade: a causa do conflito entre Jesus e os dirigentes religiosos e políticos.

A pregação de Jesus não apresentava em seu conteúdo uma novidade tão radical que revelasse uma oposição ao ensinamento judaico. Anunciar a iminência do Reino e conclamar o povo à conversão era o esperado por qualquer mestre ou judeu piedoso. A gênese do conflito deve ser procurada na atitude de Jesus.

A partir dessa constatação o autor passa a refletir sobre as razões do conflito, pois, segundo ele, essas normalmente são esquecidas pela maior parte dos teólogos[49]. A importância da questão se encontra na reta compreensão da morte de Jesus, pois essa definitivamente não foi uma morte qualquer. Nem no acontecimento em si, nem em suas consequências. A morte de cruz foi resultado de um processo e esse, por sua vez, consequência dos conflitos.

---

48. DUQUOC, Christian. *Jesús, hombre libre: esbozo de una cristología*. Salamanca: Sígueme, 1976. O que exporemos aqui é a ideia fundamental apresentada pelo autor nessa obra.

49. DUQUOC, *Jesús, hombre libre*, p. 67.

Segundo Duquoc, os motivos do conflito podem ser resumidos em quatro: a crítica à autoridade da lei, o deslocamento do centro de gravidade da religião, a decepção provocada pela negativa ante as representações messiânicas e a intrusão na organização social[50]. O autor pontua quatro motivos, mas desenvolve apenas o que considera mais problemático, a denominada relativização da lei.

A principal atitude de Jesus, ou ao menos a que provoca mais as autoridades, é a liberdade em relação à Lei. Essa atitude, carregada de sentido, desestrutura os edifícios sólidos da fé e da organização do povo judeu, baseados na observância da Lei de Moisés, segundo a interpretação autorizada da mesma.

Jesus não fundamenta seu agir na autoridade da Lei, aliás, não diz de onde vem sua autoridade. O povo é que lhe reconhece autoridade no ensino: "ensinava como quem tem autoridade e não como os escribas" (Mc 1,22). De acordo com Duquoc, ao fazer isso, "Jesus priva os mestres de Israel não só de sua autoridade religiosa, mas também de sua autoridade social"[51].

Outra consequência da relativização da Lei é a nova consciência de Deus e de seu chamado. A Lei, como selo da aliança de Deus com o povo de Israel, não pode mais ser considerada um privilégio, pois o chamado de Deus é para todos os homens. Duquoc assim o expressa: "Jesus indica que a aliança não deve considerar-se um privilégio nacional: não é nem em Jerusalém nem no monte Garizim

---

50. Duquoc, *Jesús, hombre libre*, p. 68.
51. "Jesús priva a los maestros de Israel no sólo de su autoridad religiosa, sino de su autoridad social" (Duquoc, *Jesús, hombre libre*, p. 69).

da Samaria onde Deus quer ser honrado, mas em espírito e em verdade"[52].

A dúvida se instala. Ou Jesus é o enviado de Deus e isso cria um problema, pois parece estar em contradição com a Lei de Moisés, ou é um blasfemo. Essa realmente é uma questão contundente para a não aceitação de Jesus como Messias esperado. Some-se a esse conflito com os chefes do judaísmo oficial a decepção causada a uma grande parcela do povo, que via nele o libertador nacional e constatou a resistência de Jesus em não ceder ao simples ajuste dos modelos messiânicos em voga.

O aporte teológico da morte por condenação de um inocente move a reflexão e convida a compreender as ambiguidades inerentes a esse processo. A pregação e ação de Jesus, ou melhor, a liberdade com que ensinava e agia, abala a fé e a organização de seu povo e isso é indiscutível. Sua morte de cruz o testemunha.

Para a autoridade religiosa Jesus foi condenado justamente como falso profeta. Ao poder político, no entanto, essa acusação era desprovida de sentido pois um falso profeta não ameaçaria a segurança do dominador. Por isso na instância política a acusação contra Jesus versa exatamente sobre esse ponto. Ele é acusado de sublevar o povo contra o ocupante romano, portanto Jesus foi condenado como "agitador político".

---

52. "Jesús indica que la alianza no debe considerarse como un privilegio nacional: no es ni em Jerusualén ni en el monte Garizín de Samaria donde Dios quiere ser honrado, sino en el espíritu y en la verdad" (DUQUOC, *Jesús, hombre libre*, p. 69).

De acordo com os relatos bíblicos não havia consistência nessa acusação. A passividade do pregador galileu era apregoada em toda parte. Diante da potência romana ele era inofensivo, mas isso não tinha importância alguma. Importava a estratégia política, e nessa ele não tinha peso, pouco ou nada interessava sua possível inocência ou culpa[53].

Jesus teve o destino dos profetas e Duquoc lembra que Marcos e Mateus ressaltam este fato ao colocar nos lábios de Jesus a oração do justo do Salmo 22,2 *"Deus meu, Deus meu, porque me abandonaste?"* (Mc 15,34).

Duquoc conclui assinalando que o processo e a morte de Jesus são vulgares, e que a necessidade de perceber que a morte de cruz só é redentora porque essa cruz é de Jesus. Só por isso ela nos confere a salvação. A possibilidade de compreender a morte de Jesus como redentora encontra sua razão de ser na densidade histórica dos conflitos que levaram a ela[54].

2.3. O aparente fracasso do messias

A consideração feita por Christian Duquoc ganha densidade quando, abismados, nos damos conta da banalidade da morte de Jesus. A condenação e a morte de Jesus, como fato historicamente verificável, não portam nenhuma novidade. A morte de cruz era um suplício comum no Império Romano para qualquer agitador. Antes e depois de Jesus muitos outros foram crucificados e não podemos

---

53. Duquoc, *Jesús, hombre libre*, p. 73.
54. Duquoc, *Jesús, hombre libre*, p. 76.

descartar a morte de outros tantos inocentes além de Jesus. Nesse contexto, a morte de Jesus foi apenas mais uma crucificação. A execução da condenação aparentemente justa, conforme o processo.

No entanto, Jesus não era qualquer um, era o messias, o ungido de Deus, portador de Seu Espírito. Como explicar que o messias, o enviado de Deus, morresse na cruz como um agitador político qualquer? Enfim, como entender que o messias fracassasse? Essa era uma questão difícil de responder, sobretudo quando havia a afirmação de que Jesus tinha consciência de ser o messias.

Por isso durante séculos a grande questão a preencher as mentes e o tempo dos estudiosos foi a chamada "consciência messiânica" de Jesus. O problema subjacente a essa inquietação era a necessidade de conciliar a cruz com a confissão da messianidade de Jesus. Não faria sentido a afirmação da Ressurreição sem uma conexão dessa com a cruz: acontecimento paradoxal por excelência.

Muitos autores[55], às voltas com a questão da consciência messiânica, afirmavam que Jesus jamais se considerou messias. Fundamentavam tal posicionamento na convicção de que a ideia do Filho do Homem que padece, morre e ressuscita era desconhecida do judaísmo.

Mas, na esteira dos estudos sobre os documentos de Qumran, encontramos posturas bem diferentes, como a

---

55. Entre outros, BULTMANN e WREDE, defensores da ideia de uma ausência completa de consciência messiânica em Jesus e de que tal consciência era criação da comunidade primitiva em relação à messianidade de Jesus. Mais próximo a nós temos Geza VERMES defendendo opinião similar à de Rudolf BULTMANN.

de Knohl[56] que, apresentando um estudo aprofundado da temática, defende uma ideia exatamente contrária. Sua tese em grandes linhas: Jesus se considerou o Messias, acreditou que o destino do Messias seria de sofrimento e condenação à morte e contou com a ressurreição, pois algo semelhante havia acontecido com um dirigente messiânico que havia vivido uma geração antes dele[57].

Segundo a apreciação de Israel Knohl a respeito do dirigente messiânico de Qumran, o mesmo "durante sua vida se descreveu a si mesmo como uma combinação de 'Filho do homem' que se senta no céu em um trono poderoso, e como o 'Servo sofredor', que carrega sobre si todas as penas"[58]. Essa tese, bem fundamentada, aponta para a releitura da figura messiânica do Filho do Homem com os traços do Servo Sofredor já nos escritos de Qumran[59] e, portanto, no judaísmo. A releitura marcana do messias, Filho do Homem com as características do Servo sofredor isaiano encontra um terreno sólido para firmar-se.

Para Knohl a postura de Jesus frente ao que ia invariavelmente acontecer-lhe torna-se compreensível à luz do acontecido com o messias de Qumran. A descrição dos sofrimentos e morte de Jesus se assemelha de modo impressio-

---

56. KNOHL, Israel. *El mesías antes de Jesús: El Siervo sufriente de los manuscritos del Mar Muerto.* Madrid: Trotta, 2004.

57. KNOHL, *El mesías antes de Jesús*, p. 23.

58. "Durante su vida el mesías de Qumrán se había descrito a sí mismo como una combinación de 'Hijo del hombre', que se sienta en el cielo en un trono poderoso, y como el 'Siervo sufriente', que carga sobre sí mismo todas las penas" (KNOHL, *El mesías antes de Jesús*, p. 69-70).

59. KNOHL, *El mesías antes de Jesús*, p. 44.

nante. Por isso os anúncios da paixão, morte e ressurreição do Filho do Homem, feitos por Jesus, segundo os relatos bíblicos têm algo de histórico em seu fundamento. Não é uma simples projeção pascal na vida não-messiânica de Jesus.

Esse autor conclui que Jesus nasceu pelo tempo em que morreu o "messias qumrânico" e que, por isso, não pode ter havido nenhum contato pessoal entre os dois, mas crê que a figura e a ideologia relacionada com ela exerceram uma profunda influência em Jesus e no desenvolvimento do messianismo cristão[60]. Por isso, segundo ele, Jesus esperava sim que o destino do Filho do homem seria similar ao do messias qumrânico; que seria executado pelos soldados romanos, como foi o messias de Qumran e também ressuscitaria ao terceiro dia, como se acreditou ter acontecido com dirigente messiânico anterior.

Ao seguir as noções messiânicas dos discípulos do messias qumrânico, assumia também o "sofrimento e a morte que formavam parte inseparável do destino messiânico"[61]. O fato de falar do Filho do Homem em terceira pessoa, conforme Knohl, justificar-se-ia pela dificuldade para qualquer pessoa em aceitar uma missão tão marcada pela dor. A expressão emblemática dessa resistência fora consignada na narração da noite no Getsêmani.

A título de síntese, pode-se dizer que o messianismo não permite reducionismos, nem mesmo simplificações. Apresenta uma dinâmica em si mesma complexa e difícil de apreender. Percebe-se a dificuldade de encerrá-lo num discurso sem lacunas, sem brechas. Permanece uma temá-

---
60. KNOHL, *El mesías antes de Jesús*, p. 67.
61. KNOHL, *El mesías antes de Jesús*, p. 71.

tica aberta. Do mesmo modo que a história, ele participa de um processo interpretativo, dinâmico. Vendo por esse prisma, consideramos o messianismo em diferentes perspectivas. Nessas, invariavelmente o aspecto político do messianismo se impõe, por isso voltamo-nos para o texto base de nossa reflexão: o Evangelho de Marcos, para trazer mais à luz o aspecto teológico do messianismo. Nele buscamos entender as principais releituras do messianismo e do Messias, e como em Jesus e em seu agir o "messias esperado", o messias nacional, restaurador de Israel, torna-se o "messias diferente"; o messias que cumpre a Escritura ao plenificá-la de modo surpreendente.

O caráter surpreendente do messias Jesus se reflete na integração do sofrimento e morte. A cruz torna-se o ponto de reconhecimento para os seus seguidores, e paradoxalmente de recusa e negação de sua messianidade para a maior parte de seu povo. O "messias esperado" é o vencedor, o restaurador. Morrer como um agitador apenas demonstra a falsidade da pretensão messiânica. Porém, o mais desconcertante se constata na afirmação do messianismo e da filiação divina de Jesus no momento supremo de abandono. A cruz firma-se como sinal distintivo desse messianismo. Não se configura como ponto final, mas como passagem. O caminho que vai da morte à vida será o de todo seguidor do Messias Jesus. Não se chega à ressurreição sem passar pela cruz. Ela é o ponto alto da negação de um messianismo triunfalista e vitorioso. Definitivamente o messianismo de Jesus passa pela concretude histórica. Marcos faz uma hermenêutica do messianismo ao resignificá-lo através da cruz de Jesus Cristo.

Por isso todo discurso cristológico terá sempre que considerar a pessoa e ação de Jesus, movidas pelo Espírito de Deus que repousa plenamente sobre ele, portanto uma vida messiânica. A ação de Deus por seu Espírito em Jesus não só o constitui messias e Filho de Deus, mas em sua Páscoa, no momento supremo da morte, o Espírito de Deus se torna dom do Filho para a humanidade. O Espírito nos é comunicado pelo Cristo, que assim nos faz partícipes da vida do Filho. Essa consideração é indispensável para termos ao menos uma aproximação fiel da experiência única que fundamenta nossa fé.

Capítulo Terceiro
O lugar do messianismo na cristologia atual

No capítulo anterior procuramos entender o caráter distintivo do messianismo de Jesus. Nele estudamos o conceito de messianismo e nos deparamos com a atenção especial que é dada ao aspecto político que lhe é inerente. Depois analisamos a questão do messianismo em alguns teólogos e na segunda parte do Evangelho de Marcos. Desse estudo apreendemos o caráter único do Messias Jesus. O messianismo de Jesus é único porque não apenas foge do messianismo nacionalista, mas porque vai além de toda figura messiânica e se impõe de modo inesperado. O Messias morre crucificado.

Agora examinaremos como e onde a temática de nosso estudo se encontra, já que a teologia contemporânea, de modo geral, está voltada para o diálogo inter-religioso e neste âmbito, de modo particular, o diálogo com o judaísmo. Nestas circunstâncias temos que nos entender como cristãos no confronto respeitoso com o diferente. O ponto mais delicado para o diálogo costuma ser a reflexão cristológica, acusada de imperialismo. Nisso a doutrina da Encarnação aparece comumente como a mais problemática.

Na relação do cristianismo com o judaísmo o ponto nevrálgico é o messianismo.

Não pretendemos desenvolver uma teologia cristã das religiões, apenas buscar nos entender como cristãos, sabendo que nesse processo de reconhecimento da nossa identidade o diferente está implicado de algum modo. Nesse caminho de compreensão um retorno às origens de nossa fé se impõe. A temática específica de nosso estudo nos coloca frente a frente com a religião que nos origina.

O diálogo com o judaísmo nos parece mais exigente por causa do "dado comum" que partilhamos, mas também que nos distingue. Por isso a necessidade de uma atenção especial. A preocupação com o diálogo, sobretudo com o judaísmo, é consequência da moderna busca pelo Jesus histórico que O coloca dentro de sua tradição religiosa[1].

Não nos entenderemos como cristãos sem a referência ao judaísmo. Entretanto, não compreenderemos nossa identidade sem considerarmos seriamente o distintivo e esse consiste, fundamentalmente, em nossa compreensão diferenciada de história que emerge da visão de messianismo.

O messianismo é uma forma de pensar a história. É ele que marca a relação única entre judeus e cristãos a

---

[1]. Aqui consideramos a terceira fase da busca pelo Jesus histórico, a chamada *"Third Quest"*. Nessa fase específica do estudo se passa a considerar o contexto social de Jesus e sua pertença ao povo judeu, ou seja, vem à plena luz o fato de que a pessoa de Jesus estava profundamente enraizada na grande tradição judaica e para entendê-lo era necessário considerá-lo a partir de sua cultura e religião. Para um aprofundamento da questão remetemos a THEISSEN, Gerd; MERZ, Annette. *O Jesus histórico: um manual*. São Paulo: Loyola, 2002.

ponto de falarmos de uma tradição judeu-cristã. Nesse sentido, a compreensão de Jesus como Messias se impõe como critério de nossa identidade cristã e como iluminadora de nossa esperança de salvação, redenção, libertação. Pensar o messianismo é considerar essencialmente a relação de Jesus, confessado Messias, conosco e com nossa história.

Segundo Lauret, entre "judaísmo e cristianismo há a compreensão diferente da história e a isso chama de messianismo"[2]. Dupuy acentua que "judaísmo e cristianismo se distinguem da maior parte das religiões por sua concepção histórica do universo marcada pelas ideias de aliança, criação e cumprimento"[3].

Bernard Lauret lembra que o particularismo da história de Israel e de Jesus se abre à universalidade das culturas, pois a aliança não começa com Moisés, nem com os patriarcas, mas com Adão mesmo. Israel é eleito em vista da salvação universal e não por si mesmo. Por isso, acentua o fato de que "a cristologia, como revelação de Deus, deve se abrir ao diálogo com as outras religiões"[4].

Mas falar de messianismo na tradição cristã requer uma delimitação do conceito. O que significa para nós? Qual seu conteúdo? Duas coisas ao menos estão implicadas: a primeira é o fato de que o messianismo, do ponto de

---

2. "Entre le judaïsme et le christianisme, il y a l'histoire, ou plutôt une compréhension différente de l'histoire qui s'appelle le messianisme"; LAURET, Messianisme et christologie sont-ils compatibles? p. 123.

3. DUPUY, Bernard. "El messianismo". In: LAURET, Bernard; REFOULÉ, François. *Iniciación a la práctica de la teología*. Tomo II. Madrid: Cristianidad, 1984, p. 89.

4. LAURET, Cristología dogmática, p. 398.

vista cristão, não é outro que o de Jesus. A segunda, a relação da vida de Jesus com nossa história.

E falar do messianismo de Jesus requer a memória constante da cruz e ressurreição, como faz o Evangelho de Marcos ao demonstrar a messianidade de Jesus a partir do artifício literário do "segredo messiânico". Com isso, o evangelista desconstrói as figuras bem moldadas de messias já existentes e esboça a nova figura do messias com base na figura do Servo e do Filho do Homem.

O messianismo compreende a intervenção de Deus na história, em vista de uma redenção dessa mesma história. Os modos distintos de entendê-la não têm como única implicação a demarcação dos limites de identidade cristã e judaica. Por isso tentaremos perceber, através das reflexões cristológicas de Bernard Lauret e de Christian Duquoc sobre o messianismo, as implicações de uma cristologia messiânica.

3.1. Estruturas do discurso cristológico

Iniciamos nosso estudo recordando os dois grandes caminhos do desenvolvimento da reflexão cristológica, comumente denominados "ascendente" e "descendente", ou ainda "cristologia de cima ou do começo" e "cristologia de baixo ou do fim". Voltamos a eles, agora, para esclarecer a proposta de Bernard Lauret, de desenvolver uma "cristologia messiânica" ou "do Espírito" em oposição a uma cristologia "não messiânica" ou "a-messiânica"[5].

---

5. Outros autores desenvolvem a reflexão cristológica nessa linha. Citamos aqui MOLTMANN, *O caminho de Jesus Cristo*; PIKAZA, *El Espíritu Santo y Jesús*.

3.1.1. Estrutura espaço-temporal

Para Lauret, a cristologia "de cima" tem como centro a doutrina da Encarnação, fundamentada biblicamente no prólogo do Evangelho de João, e tendo como polo secundário, na soteriologia, a reflexão sobre a "morte redentora". A salvação nesse tipo de reflexão é considerada consequência da encarnação, e por isso pensada em segundo plano.

Esse modo de refletir expressa o termo de um longo processo iniciado com a autonomia do discurso cristológico em relação à teologia como consequência da impactante obra anselmiana *Cur Deus homo*. Posteriormente, na escolástica, a cristologia divide-se em dois tratados: o *De Verbo Incarnato* e o *De Redemptione*. O primeiro trata da pessoa composta de Jesus Cristo e o segundo aborda a soteriologia pretendendo completar o tratado de cristologia propriamente dito. Assim, a cristologia trata da pessoa de Jesus Cristo e a soteriologia se ocupa da nossa redenção trazida pela morte de cruz de Jesus[6].

O limite pontuado pelo autor a essa abordagem cristológica versa sobre o fato de "empobrecer ao mesmo tempo a compreensão da pessoa de Jesus em sua humanidade e nossa implicação em seu destino"[7]. A consequência desse tipo de aproximação da problemática aparece de modo claro: o empobrecimento também de nossa humanidade e a desvalorização da história.

Por sua vez, a cristologia "de baixo" se fundamenta nas narrativas sinóticas e nos Atos dos Apóstolos e tem

---
6. Lauret, Cristología dogmática, p. 252.
7. Lauret, Cristología dogmática, p. 253.

seu centro no "destino histórico de Jesus". Essa cristologia tem na Ressurreição o polo gerador de seu discurso. Para Lauret, entretanto, ela não explica porque a vida de Jesus é messiânica do princípio ao fim, ou seja, como é revelação de Deus.

O autor reconhece a importância e a validez de ambas as perspectivas. Reconhece ainda o papel inicial da segunda em qualquer reflexão cristológica. Para ele, não é o caso de propor substituições, mas considerá-las de modo complementar.

3.1.2. Estrutura kairológica: princípio e fim

Lauret pensa que nenhuma das abordagens explica o papel da Ressurreição no nascimento da cristologia e na constituição do Novo Testamento[8]. A primeira não considera a revelação do Logos na "hora" da cruz, a segunda não explica o conjunto da vida de Jesus como revelação de Deus dependente da ressurreição.

O autor justifica afirmando: "o que acontece com a ressurreição do Crucificado é uma reinterpretação do conjunto da realidade em relação a Deus: não se trata só de 'cima' e de 'baixo', mas também do princípio e do fim [...] e, portanto, do cumprimento"[9]. Lauret tem como horizonte as críticas judaicas ao messianismo cristão, em vista de uma não verificação da redenção na história. O cristianismo, por sua vez, crê que na ressurreição de Jesus Deus redime a história de modo inaudito. A história não é mais representada

---

8. LAURET, Cristología dogmática, p. 263.
9. LAURET, Cristología dogmática, p. 264.

pelo esquema espaço-temporal de acontecimentos sucessivos, mas enquanto "tempo messiânico"[10].

Por isso crê ser necessário buscar uma articulação mais satisfatória em torno a uma forma de "relato" que vincule história e fé. O relato bíblico faz a articulação entre a história de Jesus Cristo e nossa própria história pela ação contínua do Espírito. O mesmo Espírito impulsiona o Messias Jesus em toda sua vida. Deus ressuscita Jesus pelo Espírito e depois ele se torna dom do Ressuscitado para nós e faz presente em nossa vida o Crucificado-Ressuscitado[11].

Para Moltmann, a teologia cristã dividiu a "messianologia global" em "cristologia" e "escatologia" e aponta como consequência o obscurecimento da coesão interna entre os dois âmbitos teológicos. A responsabilidade por esse obscurecimento recai sobre a doutrina da Encarnação ao representar o Redentor numa perspectiva vertical da eternidade, tendo a filiação divina de Jesus no centro.

O autor em questão defende uma perspectiva do Espírito que para ele é horizontal e valoriza o ensino e a obra do Jesus terreno[12]. Sua reflexão se aproxima da observação feita por Lauret em relação à cristologia propriamente dita, ou seja, a dissociação entre a reflexão sobre a pessoa do Cristo e a soteriologia, vista como um ponto da cristologia.

Duquoc se inscreve, claramente, na perspectiva de uma cristologia "ascendente". Seu ponto de partida é sempre

---

10. AGAMBEN, *El tiempo que resta*, p. 13.
11. MADONIA, Nicolò. *Cristo siempre vivo en el Espíritu*. Fundamentos de cristología pneumatológica. Salamanca: Secretariado Trinitario, 2006, p. 199.
12. MOLTMANN, *O Caminho de Jesus Cristo*, p. 21.

a vida de Jesus; mesmo quando reflete a partir dos títulos de grandeza, aplica-os ao homem Jesus. Toda sua cristologia visa pontuar essa mudança de abordagem, contudo salvaguarda o valor indelével das afirmações conciliares. Embora não desenvolva claramente uma cristologia em perspectiva messiânica, o messianismo ocupa um lugar importante em seu pensamento.

A proposta de Lauret visa à recuperação da perspectiva messiânica da cristologia, uma vez que Jesus é reconhecido Filho de Deus precisamente porque é o Messias. Assim ancora em Niceia o que chama de "eclipse do messianismo". Para ele Niceia afirma a diferença escatológica e a divindade de Jesus e nisso residiria sua força, mas tende a trasladar todo o peso da escatologia para o fim da história, esvaziando, assim, o conteúdo messiânico, da inauguração no destino histórico de Jesus[13].

O motivo do esquecimento do messianismo se encontra no debate com o arianismo. Este levou os padres conciliares a afirmarem a singularidade de Jesus prioritariamente em termos de filiação divina. Há com isso o deslocamento da compreensão de Jesus de a partir do messianismo para a consideração da "natureza divina".

Lauret assinala ainda outra peculiaridade do primeiro concílio ecumênico: o fato de que, com o esquecimento do messianismo, o símbolo de Niceia "não fala da história futura, nem da messianidade de Jesus como fundamento da descoberta para nós de sua divindade"[14].

---

13. LAURET, Cristología dogmática, p. 402.
14. "De plus, le symbole de Nicée n'évoque plus le messianisme: il ne parle pas de l'histoire à venir [...], ni de la messianité de Jésus comme

Por isso Lauret diz que o termo Messias parece ter sido conservado no cristianismo como uma espécie de troféu frente aos judeus e que os cristãos mantêm um Messias sem messianismo, enquanto os judeus têm um messianismo sem messias[15].

Ao retomar o relato bíblico como método de leitura teológica, Lauret caminha para uma reflexão distinta, ao considerar o tempo não como cronológico linear, mas profético ou *kairológico* articulando passado e futuro, ou seja, memória e atualização. Assim, "o tempo do relato não só recorda o passado, mas também o atualiza apelando à intervenção incessante de Deus e à sua fidelidade"[16].

Em resumo, sem negar os desenvolvimentos cristológicos anteriores, Lauret, entre outros autores, propõe uma abordagem que saia do esquema espacial e temporal-cronológico, que possibilite pensar a pessoa de Jesus como Messias e sua relação com nossa história. Enfim, que possa relacionar o universal e o particular, o transcendente e a concretude de nossa vida. Uma cristologia na qual o mes-

---

fondement de la découverte pour nous de sa divinité"; LAURET, Christologie et messianisme, p. 109.

15. LAURET, Christologie et messianisme, p. 109.

16. "[...] el tiempo del relato no sólo recuerda el pasado, sino que también lo actualiza apelando a la intervención incesante de Dios y a su fidelidad"; LAURET, Cristología dogmática, p. 407. O que percebemos nos textos de Lauret sobre o tempo a partir do relato bíblico vemos desenvolvido por Agamben numa reflexão teológico-filosófica a respeito do tempo messiânico, o *ho nyn kairos* paulino (o tempo presente). Agamben na obra *El tiempo que resta* reflete sobre o tempo messiânico e diz que ele não é um tempo acrescido, depois do fim e sim um tempo distinto dentro do *chronos*. Assim temos uma distinção na abordagem do tema do tempo referente ao messianismo em razão da organização mesma da temática em ambos os autores.

sianismo, na forma de esperança que impulsiona a ação dos seres humanos, segundo o Espírito Santo, esteja presente.

3.2. A ressurreição: no fim, o começo

Se toda reflexão cristológica deve começar "de baixo", da vida terrena de Jesus confessado Messias, essa reflexão deve, por sua vez, partir da ressurreição. Nela se encontra o sentido de toda a vida de Jesus. Pode parecer contraditória tal afirmação, mas ela é, na verdade, paradoxal.

A ressurreição é o núcleo e a raiz da fé cristã, por isso todos os escritos neotestametários a supõem. A confissão de fé em Jesus Messias se alicerça nela como o terreno firme onde se percebe a ação autenticadora de Deus à messianidade de Jesus. O messianismo de Jesus ganha corpo por causa da ressurreição.

3.2.1. A ressurreição no testemunho bíblico

Um fato intrigante, ao buscarmos os fundamentos escriturísticos da Ressurreição de Cristo, é encontrarmos, invariavelmente, comentários sobre os relatos das aparições do Ressuscitado considerados como algo a parte. Há nesses relatos algo de enigmático, pois fogem à comum narração dos eventos que antecedem ao Calvário de Jesus. Eles são de outra ordem. Os relatos de aparição e mesmo o sepulcro vazio não constituem provas da ressurreição. Qual é então o sentido desses relatos?

José Caba, numa obra sobre a Ressurreição[17], analisa o testemunho de Paulo e dos evangelistas sobre o tema. Em

---

17. CABA, José. *Resucitó Cristo, mi esperanza: estudio exegético*. Madrid: BAC, 1986.

Marcos restringe a análise a 16,1-8 e reflete um pouco sobre os textos que precedem e seguem a perícope. Mas sua atenção está voltada para a figura e as palavras do anjo. O caráter divino do anúncio da ressurreição assume o lugar central. As palavras do anjo refletem o mesmo anúncio feito pelos apóstolos: o crucificado vive. O diferencial é o anjo que "deixa entrever a ação mesma de Deus que ressuscitou Jesus"[18].

Jean Delorme analisa o texto de Marcos 16,1-8 em chave narrativa e trabalha dois aspectos importantes para a compreensão da mensagem da ressurreição de Cristo: o tema do sepulcro vazio e a presença do anjo. Lembra o assombro das mulheres diante do mensageiro e acentua um dado intrigante: as mulheres não encontram o sepulcro vazio, mas ocupado pelo anjo.

O mais importante se encontra no v. 6: "Ele, porém, lhes disse: Não vos atemorizeis; buscais Jesus, o Nazareno, que foi crucificado; ele ressuscitou, não está mais aqui; vede o lugar onde o tinham posto." Delorme acentua o fato de que "a ressurreição é afirmada antes da menção à ausência do corpo" e que por isso a ausência do mesmo não se apresenta como prova da ressurreição. É a ressurreição que explica o estranho fato da ausência do corpo marcado pela expressão "não está aqui".

A fuga das mulheres recorda a dos discípulos na hora suprema em que Jesus (Filho do homem) era entregue. O espanto e o silêncio das mulheres em relação à ordem do anjo de anunciar "aos discípulos e a Pedro" também causam

---

18. CABA, *Resucitó Cristo mi esperanza*, p. 125.

estranheza. Delorme lembra que o silêncio das mulheres e sua fuga revelam o paradoxo da revelação de Jesus Cristo e a impotência humana para penetrar o mistério revelado[19].

Intrigante é a aproximação feita pelo autor com outro texto: a cura do leproso, em que há claramente uma injunção de silêncio e a ordem de se mostrar ao sacerdote. Para o autor, a afirmação de Marcos sobre o silêncio das mulheres seguiria o esquema do segredo messiânico, mas de modo invertido. Ao longo de todo evangelho, os beneficiados pela ação libertadora de Jesus eram instados a silenciarem e desobedeciam. Agora as mulheres são enviadas a anunciar e calam. Mas se nossa leitura do segredo está correta, essa intuição não se mantém. O silêncio das mulheres se explica pela incapacidade inicial de entender tal maravilha. O relato conclui sem que elas falem, mas a própria propagação da fé demonstra que o acontecido com Jesus não foi silenciado.

O sentido de todo o relato está na revelação do mistério da ressurreição do Crucificado. Esta não é uma ideia humana e sim ato de Deus que não pode deixar de ser revelado. O desconcerto e o silêncio das mulheres revelam o estupor próprio das revelações de Deus na Escritura. O silêncio respeita também o esquema próprio de Marcos de surpreender, não é uma inversão do segredo messiânico. As mulheres calam para dar voz ao leitor. Esse silêncio faz falar[20].

---

19. Delorme, Jean. Resurrección y tumba de Jesús. Mc 16,1-8 en la tradición evangélica. *Selecciones de Teología*, v. 9, n. 33, 1970, p. 120.

20. Focant, Camille. Un silence que fait parler – Mc 16,8. In: Focant, Camille. *Marc, un évangile étonnant: recueil d'essais*. Paris: Leuven University Press, 2006, p. 347.

Nesse relato só o anjo fala. Ele se dirige às mulheres e pergunta se elas procuram o Nazareno, o Crucificado e lhes diz "ressuscitou". O significado da mensagem expressada pelo anjo é claro: é Palavra de Deus. A ressurreição do Crucificado é obra do próprio Deus.

Para Delorme, o sepulcro vazio não é prova da ressurreição, e tomá-lo como tal implica o risco de compreendê-la como uma reanimação ou revivificação a exemplo do ocorrido com Lázaro. Importa buscar o significado que o relato encerra e esse é, em primeiro lugar, a afirmação da identidade do Crucificado com o Ressuscitado. Importa, ainda, marcar o caráter escatológico do relato e esse não se fecha sobre o passado, mas se projeta sobre uma realidade que vai se revelar ainda mais[21].

José Caba se detém mais nas aparições para aproximar-se da realidade da ressurreição, enquanto Delorme aprofunda o texto marcano. Ao analisar os relatos de "aparições do Ressuscitado" e as que têm relação imediata com elas, temos a sensação de certo distanciamento entre a vida de Jesus antes e depois da ressurreição. No entanto, isto não passa de mera aparência, pois a ressurreição enfim esclarece toda a vida e obra de Jesus.

Delorme afirma que "todo relato está em função da revelação do mistério da ressurreição do Crucificado". Isso faz sentido se lembrarmos que o evangelho de Marcos tem como termo a Cruz — distintivo do messianismo de Jesus. Mas esse tem seu sentido na ação de Deus sobre o Crucifi-

---

21. DELORME, Resurrección y tumba de Jesús, p. 130.

cado. O tema da ressurreição, tanto quanto o da cruz, atravessa toda a trama marcana.

3.2.2. A ressurreição na dogmática

A ressurreição não é um fato histórico da mesma ordem que o nascimento e a morte de Jesus. Mas nós a tomamos aqui na historicidade da experiência dos discípulos. Pikaza lembra bem que "é muito difícil, e quiçá impossível, fixar o sentido histórico da ressurreição em si"[22].

O autor assinala três explicações fundamentais para o ocorrido com Jesus. A primeira tentativa afirma que Jesus tinha sido tomado (raptado) por Deus e levado ao céu, mas essa alternativa encontra o inconveniente escriturístico que não reconhece um evento como esse relativo a um morto.

A segunda infere que Jesus havia sido elevado. O problema dessa concepção é que ela dá um salto da crucificação à elevação e a ressurreição fica um pouco esquecida. O crucificado, nessa maneira de expressar a fé, aparece de modo muito geral. O crucificado parece não representar um papel importante. A elevação se torna o centro da questão.

A terceira vê a necessidade de manter o "esquema e o signo da ressurreição". Essa é a opinião de Pikaza, que justifica sua opção lembrando que a ressurreição não é, em si, um fato do mundo, mas que na afirmação neotestamentária "Deus ressuscitou Jesus" se encontra o reconhecimento da

---

22. PIKAZA, Xabier. *Éste es el hombre: Manual de Cristología*. Salamanca: Secretariado Trinitario,1997, p. 56.

pessoa e obra de Jesus e, sobretudo, "a experiência de que Jesus foi e é o messias verdadeiro"[23].

Por sua vez, Joseph Doré acentua o fato de que "crer na ressurreição é reconhecer Jesus como o Cristo"[24], intuindo seu lugar singular em relação a Deus e aos homens. Jesus, o Crucificado, é Ressuscitado e ressuscitante.

Doré organiza sua reflexão com base nos problemas suscitados pela incompreensão dos cristãos no que se refere à ressurreição. Pontua quatro tipos de opinião a esse respeito. A primeira concepção entende a ressurreição como um tomar posse do cadáver; a segunda afirma que Jesus está pessoalmente vivo, mas sem saber bem o que essa afirmação significa. A terceira opinião não considera a ressurreição, contenta-se em afirmar, tão somente, que Jesus vive, e a quarta tende a ver a ressurreição como um "puro símbolo"[25].

Frente a essas posturas, Doré detecta ao menos duas atitudes. Uma objetivista que vê na "constatação objetiva" do sepulcro vazio e nas aparições a "prova" de que Jesus experimentou a morte e ressuscitou, e outra subjetivista que parte da percepção de que todos os textos do Novo Testamento já são fruto da confissão de fé dos discípulos.

Para Doré a ressurreição de Jesus é apreendida por um ato de fé. Não no sentido de uma aceitação fideísta, mas como consequência da fé em um Deus que não é distante do homem, mas que faz aliança com ele. Um Deus

---

23. Pikaza, *Éste es el hombre*, p. 56.
24. Doré, Joseph. Creer en la resurrección de Jesucristo. *Selecciones de Teología*, v. 22, n. 86, 1983, p. 83.
25. Doré, Creer en la resurrección de Jesucristo, p. 85.

que não abandona. A consciência de que Deus não abandona Jesus à morte aclara duas questões: a da identidade de Jesus que já se colocava na vida terrena, e a da fonte da experiência de fé dos discípulos na ressurreição de Jesus. A ação de Deus na pessoa de Jesus, que se percebia antes da cruz, compreende-se à luz dos acontecimentos posteriores ao Calvário. E inversamente, a ressurreição leva à plena luz a questão da identidade antes intuída[26].

Toda essa atenção na ressurreição busca alicerçar a afirmação da identidade de Jesus e seu reconhecimento como messias. Duquoc expressa bem a relação entre ressurreição e messianidade pois, ao escrever sobre o messianismo de Jesus, aponta como critério de compreensão indispensável a identificação entre o Ressuscitado e o Crucificado[27].

Segundo ele, a confissão pascal descreve a afirmação de que o crucificado vive em termos de Ressurreição. O Ressuscitado é ancorado na vida terrena daquele que foi levado à cruz por condenação. Mas, coerente com sua reflexão sobre a messianidade original de Jesus, tende a refletir a ressurreição como a autenticação da vida não messiânica de Jesus, levada a cabo por causa de sua luta pela justiça.

Com isso não relativiza a ressurreição. Para ele há uma relação clara entre a "luta de Jesus por causa da justiça e a nova compreensão de vida expressada no esquema da ressurreição"[28]. A ressurreição é assim chancela da luta

---

26. Doré, Creer en la resurrección de Jesucristo, p. 90.
27. Duquoc, Messianisme de Jésus, cl. 23. O mesmo afirma Jean Delorme no estudo narrativo do relato marcano do anúncio da ressurreição.
28. Duquoc, *Cristologia*, p. 225.

por justiça empreendida por Jesus e causa de sua morte por condenação. Ela autentica toda a vida de luta de Jesus.

Se entre a vida terrena de Jesus messias e o Senhor Ressuscitado a continuidade aparece na ressurreição como autenticação, não podemos afirmar o mesmo quanto à relação dele conosco. Em sua reflexão não aparece claramente a continuidade entre vida terrena de Jesus crucificado e ressuscitado com a vida dos seus seguidores. Na sua exposição, Duquoc se preocupa em marcar a identidade entre o crucificado e o ressuscitado com base na inversão após a Páscoa[29].

Para ele não há quebra entre o messianismo antes e depois da ressurreição porque o agir do ressuscitado não é distinto do agir do crucificado. Explicitado assim, não aparece com clareza o caráter messiânico da própria vida de Jesus. A messianidade parece algo próprio do Ressuscitado.

Em sua dogmática, Lauret defende a centralidade da Ressurreição e a demonstra já na estrutura de sua reflexão ao considerar o tema no início e no fim. Ele parte da "Ressurreição de Jesus Crucificado" como "*marco de interpretação de seu destino*"[30] uma vez que a história da vida de Jesus adquire seu sentido por seu fim. Depois volta a refletir sobre a ressurreição como "*acontecimento*". Essa consciência de um duplo aspecto da ressurreição possibilita pensar toda a vida terrena de Jesus como messiânica.

O lugar central da ressurreição do Crucificado na Escritura se dá em um duplo sentido: origem histórica e acontecimento singular. A primeira se refere diretamente

---

29. Voltaremos a esta temática mais adiante.
30. LAURET, Cristología dogmática, p. 276.

ao Novo Testamento e não há nenhum tipo de resistência, pois a exegese histórico-crítica demonstra claramente o papel da ressurreição tanto na escrita como na compreensão do Novo Testamento.

Mas o autor afirma a centralidade da ressurreição em toda a Escritura, ou seja, Antigo e Novo Testamentos. A ressurreição no Antigo Testamento só pode ser percebida se não for buscada em citações isoladas, mas numa leitura global, buscando sua finalidade (*telos*).

A fé na ressurreição, de modo explícito, aparece muito tarde na Escritura. Mas o desejo dos homens piedosos de não se afastarem de seu Deus já se apresenta em diversas partes do Antigo Testamento. Daí que a ressurreição se ancora na fé na fidelidade de Deus que fez aliança com um povo e a partir dele com toda a humanidade, pois "Deus não pode fazer aliança com Israel, fazer-se conhecer por ele, para depois abandoná-lo à morte"[31].

Além do mais, Lauret nos recorda um dado importante. Segundo ele, o único argumento usado por Jesus para sua fé na ressurreição é o da fidelidade de Deus as suas promessas[32].

No Novo Testamento, merece atenção o dado da incompreensão dos discípulos sobre a ressurreição. A incompreensão não se refere à ressurreição em si, mas ao fato de ser a ressurreição do Crucificado. Por isso a importância do ensinamento de Jesus sobre o messianismo distinto e o

---

31. "Dios no puede hacer alianza con Israel, hacerse conocer por él para luego abandonarlo a la muerte"; LAURET, Cristología dogmática, p. 284.
32. LAURET, Cristología dogmática, p. 285.

Reino de Deus distanciados da espera de restauração política e de uma imagem de Deus todo poderoso.

Como "acontecimento", a ressurreição tem uma relação particular com a história, pois não há um único relato em todo o Novo Testamento da ressurreição. Ela se apresenta como "afirmação kerigmática"[33]. Lauret se encontra entre os teólogos que pensam a ressurreição na "linha histórica" ao considerar, além do testemunho dos apóstolos e do sepulcro vazio, um aspecto objetivo nas aparições[34].

O autor se distingue dos demais pesquisadores dessa linha por sua tentativa de articular o que chama de "indícios históricos" e a fé na ressurreição. Fundamentalmente, trata-se de pensar a fé no Jesus vivo e não no modo como ressuscitou. Os discípulos viram Jesus vivo e expressaram essa experiência de encontro a partir da fé, já existente numa parte do judaísmo, na ressurreição. A diferença entre os primeiros discípulos e nós é que eles viram Jesus e nós não, mas ambos necessitamos da fé para acolher essa realidade escatológica.

O tipo de leitura a partir do relato assumido pelo autor possibilita encontrar na ressurreição o elo para compreender o destino histórico de Jesus. Desse modo, o Crucificado e o Ressuscitado aparecem em uma relação de continuidade que implica uma relação conosco, a título de promessa, pela ação do Espírito Santo. Assim, a afirmação da identidade entre Ressuscitado e Crucificado, feita por Duquoc, torna-se clara mesmo que a relação conosco ainda não seja evidente.

---

33. LAURET, Cristología dogmática, p. 361.
34. LAURET, Cristología dogmática, p. 363.

3.3. A abordagem do messianismo nas cristologias de Duquoc e Lauret

O que pensa, afinal, a reflexão cristológica sobre o messianismo de Jesus? Especificamente, o que pensam Christian Duquoc e Bernard Lauret quanto ao papel do messianismo no âmbito cristão? A sequência deste estudo visa a responder essas questões.

3.3.1. A reinterpretação do messianismo segundo Duquoc

Na obra *Mesianismo de Jesús y discreción de Dios*, Duquoc faz uma avaliação do discurso cristológico, de modo especial no quarto capítulo, intitulado "El mesianismo reinterpretado". As principais ideias apresentadas pelo autor nesse capítulo foram publicadas num artigo sobre o messianismo[35]. Baseamos nesse capítulo nossa reflexão seguinte.

Duquoc situa a temática no âmbito da pesquisa contemporânea e supõe que o acento numa compreensão espiritual do messianismo, no caso de algumas reflexões teológicas, lançaria para um futuro a-histórico a concretização efetiva da salvação, desvinculando da história concreta o papel do messianismo e do messias. O teólogo afirma que "a confissão da messianidade de Jesus não define uma relação precisa com nossa história" e "a insegurança dos cristãos quanto à relação de Jesus Messias com nossa história tem sua raiz na ambiguidade da ação do Nazareno frente ao messianismo judeu"[36].

---

35. Duquoc, Christian. Messianisme de Jésus.
36. Duquoc, *Mesianismo de Jesús y discreción de Dios*, p. 138.

Para pensar o messianismo de Jesus o autor parte do esquecimento do sentido original do termo cristo/messias. Recorda que o termo "messias" praticamente não é utilizado nas línguas europeias em referência a Jesus, para o qual, o usual é o Cristo. Messias fica relegado assim às concepções judaicas. Isso é bastante significativo para o autor.

A hipótese levantada por ele é de que a originalidade do messianismo de Jesus está na origem do desinteresse da Igreja, desde os inícios, pelo significado originário do título "Messias" como designação de uma função específica. A demonstração dessa hipótese se faz em duas considerações: o caminho histórico de Jesus em relação com o título e o significado do título na confissão de fé[37].

A explicitação do messianismo de Jesus é feita a partir de dois títulos messiânicos, entre tantos outros vigentes no tempo de Jesus: Profeta e Messias. Segundo Duquoc, não só os ouvintes de Jesus o identificaram com o último dos profetas, mas o próprio Jesus o teria aceitado como título, embora não concorde inteiramente com o modelo. "Jesus é profeta, e aceita o título. Mas não se sacrifica ao modelo"[38].

Em relação ao título de Messias, Duquoc afirma que Jesus recusou esse título por sua vida não corresponder aos modelos correntes de vida messiânica. Para o autor a vida de Jesus não foi messiânica[39] no sentido judaico. Ainda, "Jesus aceita a função de profeta, mas recusa a de Messias"[40].

---

37. Duquoc, *Mesianismo de Jesús y discreción de Dios*, p. 139.
38. "Jesús es profeta, y acepta el título. Pero no se sacrifica al modelo"; Duquoc, *Mesianismo de Jesús y discreción de Dios*, p. 141.
39. Duquoc, *Cristologia: o Messias*, p. 242. O que o autor entende por "vida não messiânica" só se percebe ao final de uma leitura atenta de sua obra, pois não explicita a ideia numa formulação clara.
40. Duquoc, *Cristologia: o Messias*, p. 142.

Ao analisar as figuras subjacentes aos títulos de "profeta" e de "messias" chega-se à afirmação de que na base do primeiro estão as figuras literárias de Moisés, Elias e Jeremias, embora não como modelos operativos. A ação e a palavra do profeta dão o conteúdo ao modelo. Assim o modelo do Profeta era aberto a novas significações e por isso Jesus, ao assumi-lo, tornava-se o dono de sua linha de ação.

Ao contrário, no título de messias o processo é distinto, pois havia numerosas figuras, mas Duquoc reflete a partir de três representações específicas: o messias nacional, o messias davídico não político e a figura apocalíptica do Filho do homem daniélico.

Contudo nosso autor vê uma dominante sociopolítica nas três representações, apesar de reconhecer a plena independência de cada uma delas. Daí que, para Jesus, aceitar ser messias era correr o risco de ter de assumir a função de messias político libertador de Israel[41]. Conclui que "em virtude do modo como Jesus compreendeu sua função profética, recusa a messianidade"[42].

Parece-nos estranho que Jesus recuse a função, para não correr o risco de ser confundido com o messias político, uma vez que fora um homem livre por excelência. Também acentua demasiadamente o caráter político do messianismo, em detrimento de uma abordagem mais teológica. Isso o obrigaria a pensar mais nos aspectos da mensagem de Jesus que possibilitaram a confissão de fé pós-pascal.

Ao tratar do significado do título na confissão de fé, Duquoc privilegia o que chama de "inversão". A inver-

---

41. Duquoc, *Mesianismo de Jesús y discreción de Dios*, p. 143.
42. Duquoc, *Mesianismo de Jesús y discreción de Dios*, p. 144.

são seria basicamente isso: Jesus aceita e assume o título de profeta e recusa o de messias, depois da Páscoa é identificado ao messias esperado por Israel e o título de profeta é esquecido. É sobre a base da confissão pascal que se dá essa inversão.

O processo de inversão se torna o critério de interpretação da messianidade de Jesus. A reutilização do título depois da Páscoa se fundamenta no dado central de que o Crucificado é o Vivente. A ressurreição aparece como a assinatura de Deus sobre a vida terrena de Jesus e sua messianidade diferente. Ao ressuscitar Jesus, Deus confirma seu messianismo diferente.

A ressurreição marca, assim, a nova criação, "cumpre de modo original a espera apocalíptica e realiza a transformação da esperança messiânica de tipo davídica"[43]. Desse modo, a Páscoa faz da vida não messiânica de Jesus a razão de sua glória messiânica, porque Jesus é messias como crucificado e Filho do Homem entregue. Lauret vê, nessa leitura de Duquoc, o paradoxo do messianismo de Jesus. O paradoxo está em que "o messianismo do Filho do Homem, profeta e servo, cumpre e abole o messianismo davídico"[44].

Para Duquoc, a originalidade do messianismo de Jesus obrigou os cristãos a transformarem o sentido do mesmo. Contudo afirma claramente que "a vida não messiânica de Jesus o conduz ao processo e à condenação, porque nela não existia só um significado espiritual ou re-

---

43. Duquoc, *Mesianismo de Jesús y discreción de Dios*, p. 145.
44. Lauret, Bernard. Le messianisme de Jésus: la contribution de Christian Duquoc. *Revue des Sciences Philosophiques et Théologiques*, v. 92, n. 4, 2008, p. 740.

ligioso, mas que se davam também elementos considerados como subversivos."[45].

Ao fazer tal afirmação o autor tem em mente o aspecto profético do anúncio e da ação de Jesus, mas parece esquecer um dado quase evidente, a subversão como elemento intrínseco de qualquer movimento messiânico.

Que o messianismo de Jesus tem caráter profético é indiscutível, mas esse não é o único elemento constituinte do messianismo diferente de Jesus. Sobre a base dos relatos bíblicos que atestam a confissão de fé na messianidade de Jesus, encontramos as diversas influências herdadas da tradição judaica e relidas sim pelo evento único da ressurreição.

O pensamento de Duquoc se desenvolve sobre a base ou no horizonte do messianismo. Nesse sentido sua reflexão não se encaixa, em seu conjunto, na crítica lauretana de uma cristologia amessiânica. Além de ocupar um lugar importante em seu pensamento, não corrobora a dissociação entre a pessoa de Jesus Cristo e sua relação conosco. Mas seu acento recai, sem sombra de dúvida, sobre o primeiro.

Por sua preocupação excessiva em marcar a "originalidade do messianismo de Jesus" frente aos seus interlocutores (teólogos da morte de Deus e teólogos da libertação), Duquoc termina por acentuar mais a patologia, segundo a terminologia de Lauret, que a sã abordagem do tema, ao valorizar mais a leitura histórica e sociológica que desenvolver o aspecto propriamente teológico. Assim, a leitura que faz do Jesus histórico é "não messiânica" e a messianidade de Jesus lhe é reconhecida após a Páscoa.

---

45. LAURET, Le messianisme de Jésus: la contribution de Christian Duquoc, p. 151.

O lugar do messianismo na cristologia atual

Para Lauret, nesse esquema da "inversão pascal" reside "a dificuldade maior da leitura '(não) messiânica' do Jesus histórico em Duquoc. Isso porque ele apoia mais seu pensamento na crítica do messianismo político, enquanto apresenta efeitos nefastos, que numa valorização da dimensão propriamente teológica da interpretação messiânica da história"[46].

Outra questão a ser pontuada é a compreensão do caráter paradoxal do messianismo de Jesus como "denúncia da violência", uma vez que apoia na tese da "violência mimética" de René Girard a recusa de Deus à violência que poderia advir de um Messias político nacionalista. Para Lauret, embora tenha um aporte crítico, ela "parece insuficiente para caracterizar *teologicamente* o messianismo de Jesus"[47].

Mais, o Evangelho de Marcos apresenta Jesus como *autobasileia*[48], ou seja, em sua pessoa o messias e o Reino de Deus se identificam. No judaísmo a figura do messias ganha importância em períodos de crise e opressão, pois nessas condições o ideal nacionalista subjacente necessita de um mediador que possibilite o fortalecimento ou mesmo a restauração do reino de Israel. Ao contrário, em momentos de relativa paz, o messias não tem tanta proeminência porque é o próprio Deus que reina (Reino de Deus = Deus reina = reinado de Deus). Enfim, quando Israel vive em paz e prosperidade o Reino é preponderante.

---

46. LAURET, Le messianisme de Jésus: la contribution de Christian Duquoc, p. 738-739.
47. "Cette thèse [...], malgré son apport critique, elle me paraît toujours insuffisante pour caractériser théologiquement le messianisme de Jésus"; LAURET, Le messianisme de Jésus: la contribution de Christian Duquoc, p. 742.
48. Ver Marcos 1,15; 9,1 e a p. 40 de nosso estudo.

A mensagem evangélica se torna clara: em Jesus o tempo messiânico, escatológico é inaugurado. Em Marcos, messias e Reino de Deus se unem de tal forma que já não se pode mais pensar o messias somente partindo de sua vertente político-nacional. Duquoc, infelizmente, parece não tirar as consequências da sua própria leitura do escrito marcano, pois diz que em Marcos Jesus anuncia a salvação (Reino de Deus) com sua palavra e a torna presente em sua pessoa[49] e, no entanto, não explora esse dado, vendo no escrito apenas a negação do messias nacional (Filho de Davi).

3.3.2. A cristologia messiânica de Lauret

Em vista do exposto acima, Lauret propõe uma "cristologia messiânica". Mas, em que ela consiste? Qual o diferencial da proposta de Lauret em relação às cristologias "ascendente" e "descendente"? Em que sua proposta é diferente da reflexão de Christian Duquoc que se insere no caminho "ascendente"?

Para esboçar uma resposta, começamos pela negativa e assinalamos o que se entende por "cristologia não messiânica". Lauret denomina "não messiânica" uma cristologia que se limita a afirmar a divindade de Jesus e não articula a fé cristã na história, quando descuida do destino humano do judeu Jesus[50].

O pressuposto da "cristologia messiânica" é não refletir de modo dissociado a consideração da pessoa de Jesus (cristologia) e a doutrina da redenção (soteriologia). O

---

49. Ver p. 45 de nosso estudo.
50. LAURET, Cristología dogmática, p. 403.

messianismo, segundo Lauret, "é precisamente a concepção da história que não pode esquecer a história do sofrimento (e do pecado) e espera a redenção graças à vinda do Messias"[51].

Assim, o sofrimento, ou antes, a "memória do sofrimento" emerge como o lugar de abertura da história à religião pela espera de uma salvação. Por isso o messianismo implica a afirmação de uma "incompletude" ou "inacabamento da história", porque recusa a deixar se perder a "história do sofrimento"[52]. Essa recusa se alicerça na promessa da redenção.

A esperança de que a promessa da redenção se cumpra está alicerçada em dois aspectos fundamentais: a eleição e o dom da lei. Esses elementos, por sua vez, têm seu fundamento na promessa de redenção. "A eleição e a lei põem, pois, a questão das relações entre o indivíduo e o universal: a eleição de Israel tem sua razão última na redenção de todas as nações e o dom da lei visa à restauração de toda criação."[53] Assim o messianismo tem sua origem na eleição e tem em Israel a testemunha da redenção.

Lauret afirma que a eleição, por sua vez, nasce da escolha de Deus de não deixar o mundo perecer e isto se ve-

---

51. "Le messianisme est précisément une conception de l'histoire que ne peut jamais oublier l'histoire de la souffrance (et du péché) et en attend la rédemption grâce à la venue du messie"; LAURET, Messianisme et christologie sont-ils compatibles?, p. 137.

52. LAURET, Messianisme et christologie sont-ils compatibles?, p. 138.

53. "L'élection et la loi posent donc la question des rapports entre l'individu et l'universel: l'élection d'Israël à sa raison dernière dans la rédemption de toutes les nations et le don de la loi vise à la restauration de toute la création"; LAURET, Messianisme et christologie sont-ils compatibles?, p. 138.

rifica na partilha dos bens da terra, por isso o messianismo não pode ser puramente interior[54]. Mas isso não significa que o caminho messiânico, por se ancorar na eleição e no dom da lei, seja restrito ao povo eleito. Ela tem também valor redentor para outros povos.

Trabalhando com a retomada do relato bíblico, Lauret busca articular o particular e o universal. Assim Israel é eleito em vista da redenção de outros povos também, pois a lei é dom de vida para Israel, mas também visa à relação justa com os outros. Essa relação se apresenta ainda dentro da história do próprio povo e é pensada a partir de outra relação: o rei e o povo.

O autor assinala que "o messianismo é primeiramente real e mesmo davídico e nacional"[55]. Por isso, alguns autores, entre eles Duquoc, afirmam que Jesus recusou o título de Messias para tomar distância da figura muito política do "messias nacional". Dupuy crê que uma afirmação desse tipo é simplista porque Jesus não utilizou o termo, mas também não o recusou expressamente. Sua atitude foi de reserva, não de recusa. Outros[56] afirmam que Jesus transformou e espiritualizou o messianismo, que passa a ser então espiritual, celeste e universal e não mais político, terrestre e nacionalista.

A espera messiânica régia é ambígua, pois mantêm os dois aspectos: a "espera de um reino terrestre respeitado pe-

---

54. LAURET, Messianisme et christologie sont-ils compatibles?, p. 139.
55. LAURET, Messianisme et christologie sont-ils compatibles?, p. 140.
56. Essa é também a opinião de SCHOLEM, Gershom, *Le messianisme juif. Essai sur la spiritualité du judaïsme*. Paris, Calman-Lévy, 1974; e de COPPENS, Joseph. *Le messianisme royal: ses origines, son développement, son accomplissement*. Paris: Cerf, 1968.

las nações, mas também um reino santo diante de Deus"[57]. Assim, o rei faz o vínculo entre o particular e o universal.

Para Lauret, no Antigo Testamento a figura do Servo Sofredor é a que melhor representa a espera messiânica porque a "linha divisória entre um messianismo puramente humano e um messianismo segundo o espírito de Deus é o serviço da lei", ou seja, a fidelidade à lei. "É o servo sofredor que assegura uma posteridade a Israel (Is 53,10; 54,1) e justifica as nações."[58]

Por isso afirma que não pode haver messianismo sem a observância da lei. O messianismo então não se apresenta como uma intervenção miraculosa de Deus, mas como responsabilidade humana frente ao dom de Deus. O messias, como representante de Deus ausente, mas providente, tem que ser necessariamente um homem. Nesse ponto, a "ambiguidade do título e da figura do Filho do Homem é de uma admirável pertinência pois não se sabe se o Filho do Homem é um homem saído do povo ou se é um enviado celeste (cf. Dn 7). De fato, não pode ser senão os dois ao mesmo tempo"[59].

Segundo Lauret, o messianismo aponta para a redenção como "fim de uma história sem fim", pois a redenção

---

[57]. "L'attente messianique royale est donc ambigüe: attente d'un royaume terrestre fort et respecté par les nations, mais aussi d'un royaume saint devant Dieu"; LAURET, Messianisme et christologie sont-ils compatibles?, p. 141.

[58]. "C'est le serviteur souffrant qui assure une postérité à Israël (Is 53,10; 54,1) et justifie les nations"; LAURET, Messianisme et christologie sont-ils compatibles?, p. 141.

[59]. "C'est ici que l'ambiguïté du titre et de la figure du Fils de l'homme est d'une étonnante pertinence. On ne sait si le Fils de l'homme est un homme sorti du peuple ou s'il est un envoyé céleste (cf. Dn 7). En fait, il ne peut être que les deux à la fois"; LAURET, Messianisme et christologie sont-ils compatibles?, p. 142.

messiânica tem um caráter de abertura e "inacabamento". A redenção total só existirá quando todo homem tiver cumprido a lei de Deus. Aqui reside a dificuldade maior da messianidade de Jesus para os judeus. Como pode ser Messias se ainda a história do sofrimento continua?

A compreensão da messianidade de Jesus pelos seus seguidores fundamenta-se na noção de "inauguração" mais que na de "acabamento", na dialética do "já" e do "ainda não". Já iniciou o tempo do fim, o Reino de Deus foi inaugurado na pessoa de Jesus Cristo, mas ainda não em plenitude.

3.4. O caminho messiânico: cristologia do Espírito

A questão principal para nosso estudo é a relação entre messianismo e Espírito Santo pois o Espírito se configura como "fonte" e "conteúdo" da era messiânica. Ele é, ao mesmo tempo, o garante e o dom do Messias. Por sua presença se reconhece o cumprimento da promessa de Deus. O Messias é aquele em quem habita o Espírito de Deus. Assim não há messianismo nem Messias sem Espírito Santo.

Chegamos finalmente à consideração da ação messiânica de Deus que é contínua pela presença discreta do Espírito Santo. Nos últimos decênios, a reflexão cristológica se voltou sobre esse dado da fé cristã, que andava meio esquecido como objeto de reflexão.

Do mesmo modo que Lauret, Piet Schoonenberg[60] percebe a multiplicidade de modelos presentes no Novo

---

60. SCHOONENBERG, Piet. Cristo, el logos y el Espíritu: hacia una cristología más entroncada con la Trinidad. *Selecciones de Teología*, v. 17, n. 68, 1978, p. 268-283.

Testamento para marcar a unicidade e divindade de Jesus, mais que uma proeminência do modelo da encarnação.

Ao refletir sobre o "Cristo, o logos e o Espírito", inicia sua apreciação da questão constatando que o Novo Testamento dá as bases tanto para uma cristologia da *encarnação* (envio, descenso) quanto para uma cristologia da *filiação* (elevação) e de *plenificação* (unção, glorificação) pela presença do Espírito[61].

Para esse autor, logo surgiu uma cristologia do Espírito como cristologia de "ascenso". Ele marca a presença da unção de Jesus pelo Espírito no batismo (Marcos) e nos evangelhos da infância (Mateus e Lucas), pois a concepção de Jesus está relacionada com a ação do Espírito.

O autor crê que essa cristologia não está muito presente nos evangelhos de Marcos e Mateus, ao contrário de Lucas e João. Cremos poder discordar do autor em sua leitura, pois o evangelho de Marcos, seguido por Mateus, tem seus pontos de apoio nas cristofanias (batismo, transfiguração, cruz-ressurreição), nas quais o Espírito está presente.

Além do mais, essas cristofanias marcam a ação desse mesmo Espírito em todos os relatos intercalados. Isto significa que todas as ações e ensinamentos de Jesus relatados devem ser lidos como movidos pelo Espírito que vem e permanece nele. Salvo algumas raras precisões do Evangelho de Lucas, tudo o que se pode encontrar a respeito do Espírito nos outros evangelhos já se encontra em Marcos, apenas sem grandes desenvolvimentos.

---

61. SCHOONENBERG, Cristo, el logos y el Espíritu, p. 268.

Quanto aos dados bíblicos corroboramos com o autor nas ideias principais: o Espírito é o grande dom messiânico, e no Novo Testamento a cristologia do Espírito tem um lugar central. É "o Espírito que caracteriza toda função salvífica de Jesus, ao ponto de se poder dizer que o Espírito caracteriza a filiação de Jesus em sua relação com Deus e conosco"[62].

Com os grandes concílios cristológicos, essa cristologia fica numa posição marginal, já que há um crescente desinteresse pelo batismo de Jesus em função do acento na encarnação. Chegou-se a afirmar o Logos como aquele que unge Jesus por sua encarnação. Nesse caso, que lugar resta ao Espírito? E como fica o testemunho bíblico a esse respeito?

O problema com a cristologia do Espírito era a compreensão da unção de Jesus como algo acidental. Com a escolástica, o declínio ou esquecimento da cristologia do Espírito se agrava com a afirmação da unidade indistinta de ação das três pessoas divinas. Para Schoonenberg há um problema na afirmação. O correto seria falar de uma ação inseparável das pessoas divinas e não de uma unidade indistinta de ação. Porque assim não há espaço para a ação do Espírito na vida de Jesus.

Schoonenberg, frente às propostas de uma cristologia do Espírito que se faça em conexão com a cristologia do Logos ou em substituição a esta, opta por uma cristologia em diálogo com a cristologia do Logos. No artigo citado anteriormente, o autor trabalha alguns temas específicos

---

62. SCHOONENBERG, Cristo, el logos y el Espíritu, p. 270.

e procura assinalar a contribuição e o risco de cada uma das cristologias.

Quanto à divindade e à humanidade de Jesus, recorda que a cristologia do Logos acentua a divindade e arrisca desconsiderar a humanidade. Já a cristologia do Espírito "salva" a humanidade e incorre no risco de ser considerada adocionista, ao pensar a divindade de Jesus mais "adverbialmente" que "substantivamente" ao dar ênfase ao caráter funcional da unção[63].

Segundo Schoonenberg, a cristologia do Espírito proclama a divindade de Jesus tanto quanto a do Logos do prólogo de João. Conclui ainda que "a cristologia do Espírito não tem porque considerar Jesus menos divino que a do Logos [...], por outra parte, uma e outra estão em posição de afirmar a plena integridade de sua humanidade"[64].

Quanto ao ponto de partida, o autor crê ser suficiente partir do homem Jesus sem correr nenhum risco de fazê-lo menos divino ao se respeitarem algumas condições. A principal delas versa sobre a presença salvadora de Deus em Jesus, e esta tem de ser "suprema, definitiva e final", ou seja, messiânica e escatológica, e ainda: essa presença tem de ser recíproca[65]. Assim salvaguarda a relação única de Jesus com Deus.

Luis F. Ladaria[66], ao pensar a relação entre cristologia e pneumatologia, opta por refletir o papel da unção de

---

63. SCHOONENBERG, Cristo, el logos y el Espíritu, p. 273.
64. SCHOONENBERG, Cristo, el logos y el Espíritu, p. 274.
65. SCHOONENBERG, Cristo, el logos y el Espíritu, p. 276.
66. LADARIA, Luis F. La unción de Jesús y el don del Espíritu. *Gregorianum*, v. 71, n. 3, 1990, p. 547-571.

Jesus com o Espírito, uma vez que esta ocupa um lugar importante nessa relação. Abordamos essa temática em seu papel preponderante na concepção de Jesus Messias, e assim a messianidade emerge como terreno próprio para pensar a relação Cristo e Espírito.

O ponto de partida do autor é a consideração do esquecimento da "unção" em decorrência de uma interpretação anômala que identificou a "unção de Cristo" com a "encarnação do Filho". Ao remeter à encarnação a plenitude do Espírito, não resta espaço para a atuação do Espírito na vida humana de Cristo, além de se desconsiderar o dado da própria Escritura.

Ladaria analisa como positiva a tentativa de resgatar a questão da unção de Cristo tendo em vista a distinção entre unção e encarnação e o estudo da relação entre elas[67]. Pensa que com isto a cristologia se enriqueceria com um aspecto dinâmico, valorizando as etapas da vida de Cristo, e a pneumatologia ganharia ao aprofundar a condição do Espírito Santo como Espírito do Cristo que é doado, comunicado aos homens.

Mas sua preocupação é mesmo o aspecto pneumatológico, ou seja, o significado da presença do Espírito na vida histórica de Jesus, de modo particular no batismo. Esse é o viés que explora. Recorda que a primeira tentativa de distinguir e articular "unção" e "encarnação" de Jesus tinha como motivação a correta compreensão da Igreja. Ela é continuação da unção ou da encarnação de Jesus? Voltaremos a este assunto adiante.

---

67. LADARIA, La unción de Jesús y el don del Espíritu, p. 549.

Por hora basta-nos saber que a recuperação da unção de Jesus com o Espírito tem como consequência lógica a valorização da atuação do Espírito na vida de Jesus, fazendo plenamente messiânica essa mesma vida e valorizando, de modo especial, a relação do Espírito com a Igreja[68].

Segundo o testemunho do Novo Testamento, é certo que o batismo no Jordão se configura como o momento do descenso do Espírito sobre Jesus e sua unção em vista de sua missão. Isso não significa, entretanto, que o Espírito Santo não estava presente em sua vida desde o momento da encarnação. Essas afirmações não têm porque ser consideradas contraditórias.

Para Ladaria, a presença do Espírito em Jesus pode conhecer diversos momentos de atualização, concretamente, no batismo e na ressurreição. Nesses momentos específicos, Jesus o Filho é constituído Messias-Salvador e Senhor, e não é somente declarado por Deus como tal[69].

O batismo e a unção constituem um acontecimento singular na vida de Jesus, pois ali Jesus toma conhecimento de sua missão e consciência de sua condição de servo de Deus. Naquele momento recebe o dom do Espírito, o dom messiânico por excelência, necessário ao cumprimento da missão. Toda sua vida, a partir de então, é guiada, conduzida pelo Espírito.

Por isso a encarnação, tanto quanto a doação do Espírito ao Filho encarnado (o homem Jesus), é ação da liberdade e gratuidade de Deus. Importa ressaltar que a unção

---

68. LADARIA, La unción de Jesús y el don del Espíritu, p. 551.
69. LADARIA, La unción de Jesús y el don del Espíritu, p. 556.

de Jesus com o Espírito é que o habilita a levar a cabo sua missão. Mas a ação salvífica de Deus não cessa aí, pois "logo se desenvolve a ideia da comunicação desta unção de Cristo aos homens e à Igreja"[70]. A completude da soteriologia é percebida por esta doação.

A relação de Cristo com o Espírito é essencial à nossa salvação. Jesus é o Filho de Deus encarnado, mas é também o Ungido do Senhor, em quem repousa o Espírito em plenitude. Por isso Ladaria afirma: "Aquele que é desde sempre o Filho de Deus realiza historicamente a vida filial na força do Espírito Santo"[71].

Um dado importante a ressaltar na unção de Jesus é a iniciativa atuante do Pai. É ele quem unge Jesus com o Espírito, para que Jesus o "derrame" sobre a humanidade. Só quando comunicado, o Espírito Santo será o Espírito do Filho. Mais, o Espírito do Filho só é comunicado aos homens para que vivam como filhos após a manifestação plena de Jesus como Filho na ressurreição[72].

Para a cristologia e a soteriologia, a consideração da unção de Jesus pelo Pai no Espírito não é opcional pois, "como Filho, Jesus é unigênito (Logos) e como Filho ungido em sua humanidade com o Espírito que depois comunica aos homens, se faz primogênito entre muitos irmãos"[73].

Na esteira da reflexão sobre a relação cristologia — pneumatologia se encontra a perspectiva de Xabier Pikaza. O primeiro enunciado da obra apresenta a base da fé cristã

---

70. LADARIA, La unción de Jesús y el don del Espíritu, p. 558.
71. LADARIA, La unción de Jesús y el don del Espíritu, p. 559.
72. LADARIA, La unción de Jesús y el don del Espíritu, p. 568.
73. LADARIA, La unción de Jesús y el don del Espíritu, p. 570.

e indica quais os pontos a serem mais explorados na atualidade. Na base da fé cristã se encontram dois mistérios: "a presença histórico-pessoal de Deus em Jesus Cristo (o Filho encarnado) e a imanência histórico-transformante de Deus no Espírito que surge de Jesus"[74].

Na afirmação inicial, o autor fundamenta sua reflexão sobre a relação de Cristo com o Espírito em vista da importância dessa para a vida da Igreja, sobretudo, busca atenuar a diferença entre os desenvolvimentos doutrinários referentes à cristologia, mais priorizada, e à pneumatologia, relegada a afirmações sumárias muitas vezes.

Há que dizer, desde o princípio, que Pikaza se move no âmbito da economia salvífica e procura pensar a relação Cristo — Espírito a partir de dois movimentos: "De Deus pelo Espírito para o Cristo" (descendente) e "do homem-Jesus pelo Espírito para o Pai"[75] (ascendente) primeiramente, mas mantendo uma abertura única pela referência ao Espírito.

O primeiro caminho segue a linha de raciocínio veterotestamentário que parte de Deus doador de seu espírito à humanidade e de modo distinto a alguns eleitos e, por fim, a Jesus a quem dá o espírito em plenitude. Nessa doação plena, Jesus é ungido com o espírito e constituído messias.

A outra perspectiva é uma abordagem antropológica, baseada de modo especial na reflexão rahneriana do homem como ser capaz de transcendência e de abertura. De acordo com essa ideia, o homem ideal, ou o homem em quem essa

---

74. Pikaza, *El Espíritu Santo y Jesús*, p. 3.
75. Pikaza, *El Espíritu Santo y Jesús*, p. 41.

realidade é plenamente encontrada, é o Cristo. "O Espírito é aqui a profundidade do homem que chegou a Deus"[76].

Para Pikaza esses dois movimentos se exigem e se encontram na pessoa de Jesus, pois nele "Deus se abre, autodoando-se em um homem e o homem se autosupera, aberto de maneira radical ao divino". O Espírito surge nessa relação única de autodoação do divino e do humano. A partir dessa constatação, o autor levanta três questões dignas de nota: a identidade, a singularidade e a comunicabilidade do espírito.

Para considerar a identidade, o autor esboça uma definição do Espírito "como o estar-fora-de-si-mesmo de Deus em Cristo e de Cristo em Deus"[77]. Para expressar bem a identidade do Espírito do Pai e do Filho, o autor recorre ao esquema calcedoniano das duas naturezas. Assim, o espírito do Pai que se autodoa a Jesus, fazendo-o surgir como seu Filho e o espírito de Jesus, o Filho, que se entrega ao Pai, são um e o mesmo. "Na comunhão de encontro, entrega e resposta, o espírito é idêntico e o mesmo, unindo as duas pessoas"[78].

O mesmo espírito é, ao mesmo tempo, Espírito de Deus e espírito do homem: é, em certa medida, espírito divino-humano. O que se diz de Jesus, se diz do Es-

---

[76]. "Espíritu es aquí la misma hondura del hombre que ha llegado a Dios y que le abraza en gesto radical de comunión gratificante"; PIKAZA, *El Espíritu Santo y Jesús*, p. 42.

[77]. "...podemos definir al espíritu como el estar-fuera-de-sí-mismo de Dios en Cristo y de Cristo en Dios"; PIKAZA, *El Espíritu Santo y Jesús*, p. 42.

[78]. "En la comunión del encuentro, en la entrega y la respuesta, el espíritu es idéntico y el mismo, uniendo a dos personas..."; PIKAZA, *El Espíritu Santo y Jesús*, p. 43.

pírito sem que haja identidade que anule a pessoalidade de ambos.

A segunda questão é a singularidade do Espírito. Esta se apresenta realmente como questão: por que Deus se revela plenamente apenas em Jesus Cristo como Filho e não em outras pessoas igualmente? Por que a plenitude do Espírito é unicamente do Cristo? A resposta ou o esboço de uma resposta é buscada pelo autor no ser mesmo de Deus, que é plenitude de amor na relação eterna Pai-Filho. Assim diz: "A singularidade da autodoação de Deus pelo espírito no Cristo pode aludir, e alude, à perfeição de seu ser como amor que não necessita ir-se fazendo porque já é"[79].

Por fim, a comunicabilidade do Espírito. Esse é um dado da fé cristã, sem muita dificuldade. Jesus não quer dar algo externo a si mesmo, mas algo do qual participa. Por isso faz do seu Espírito "nosso" espírito. O espírito é poder de comunhão porque autodoação amorosa. Pela participação na vida do Filho somos "incluídos no mistério da personalidade messiânica de Jesus".

Com isso é possível refletir pneumatologicamente a cristologia. Mas, fazendo isso, necessariamente temos que considerar o messianismo. Esse é o tema que Pikaza desenvolve a partir do testemunho bíblico para daí tirar as consequências teológicas. É também o que mais nos interessa no momento.

Não existe messias sem Espírito e não existe messianismo sem a promessa de envio do Espírito como o grande

---

79. "La singularidad de la autodonación de Dios por el espíritu en el Cristo puede aludir y alude a la perfección y definitividad de su ser como amor que no necesita irse haciendo porque ya es"; Pikaza, *El Espíritu Santo y Jesús*, p. 42.

dom e agente da era messiânica. A chegada ou a presença do Espírito se configura como cumprimento da promessa e inauguração do Reino de Deus.

Pikaza pensa o messias com base em dois textos fundamentais: Isaías 11,1-2 e Isaías 6,1-2. No primeiro texto, o Espírito é aquele que torna possível o surgimento do ungido que vem para estabelecer a justiça, e no segundo o autor bíblico trata de explicitar o conteúdo da justiça messiânica, pois é realização do messias pela ação do Espírito.

O Espírito como ação de Deus no mundo é tematizado de várias formas, entre elas a que associa seu poder a uma figura messiânica. Num estudo da literatura rabínica do tempo de Jesus surgem grandes dificuldades para a compreensão do messianismo e do Messias, pois não há consenso entre os estudiosos. Há os defensores do aspecto real do messianismo, e esse assumiria traços proféticos e sacerdotais ao longo de seu desenvolvimento. Sem jamais renunciar à realeza.

Outros não hesitam em falar de um "messias real", "um messias sacerdotal" e ainda "um messias profético". A cada uma dessas perspectivas vemos surgir uma figura esboçada. Todas elas têm como horizonte de fundo a presença e a atuação do espírito do Senhor.

O messias real se apresenta como a forma mais antiga sob a qual o messianismo admite se apresentar. As passagens consideradas pelos exegetas como messiânicas se contentam em traçar um ideal, ou seja, o retrato de um monarca perfeito. No entanto, há que distinguir no messianismo real, uma perspectiva dinástica que seria individual-histórica ou individual-escatológica. A primeira versaria mais sobre um descendente direto da linhagem de Davi, e a outra mais a um "indivíduo conforme o ideal da realeza davídica". Só esse segundo corresponde à noção de messias no sentido forte. Nessa perspectiva, a "figura" de destaque é o Filho de Davi. Nessa figura já estão, de algum modo, condensados os aspectos "real" e "sacerdotal", uma vez que o rei também exerca funções cúlticas.

O messias profético reveste a imagem do Servo Sofredor de Isaías 53. Segundo Bernard Dupuy[80], os oráculos do "servo sofredor" não podem ser lidos na linha da messianidade davídica. Se foram recebidos como messiânicos é porque existe outra linhagem de ungidos, a dos profetas. Contudo é uma unção distinta porque não tende a estabelecer nem designar uma função específica. Nenhum profeta pensou ser o messias, antes ele é o garante do messias. O profeta é aquele que anuncia e precede o messias. Assim à figura do messias real se soma ou antecede a do messias profeta, sofredor.

Pelo visto antes, não se torna um fato estranho que à espera de um "verdadeiro rei" e de um "verdadeiro profeta" se acrescente a de um "verdadeiro sumo sacerdote", o primeiro de todos os ungidos. Quando os sumos sacerdotes asmoneus abusam de sua função sacerdotal é que se vê nascer um verdadeiro "messianismo sacerdotal".

Mas há ainda outra figura de messias, o filho do Homem da apocalíptica. Dessa figura específica já tratamos no primeiro capítulo e não necessitamos voltar a ela. A constante em todas as figuras é, sem dúvida, o papel único do Espírito. Por sua presença configura o tempo messiânico,

---

80. Dupuy, El messianismo, p. 102.

que se reconhece pelos sinais próprios: paz, justiça, libertação, saúde, abundância (banquete). O Espírito não aparece como figura clara e definida, e sim como expressão da ação de Deus.

Quando os discípulos de Jesus o confessaram messias, estavam convencidos, no contexto da espera messiânica de Israel, da "proximidade do fim" (Mc 1,15). Não que o tempo tivesse chegado ao fim, mas que o tempo presente deveria ser interpretado em relação aos "acontecimentos do fim" (Mc 13,32), ou seja, com a chegada do tempo escatológico. Por isso foi possível reler todas essas figuras a partir da ação messiânica, porque movida pelo Espírito de Jesus.

Pikaza opina que Jesus interpretou sua vida e missão na perspectiva do espírito por causa da transformação que realizou no próprio conceito de messianismo e da compreensão que tinha da obra de Deus[81]. Ao afirmar isso, o autor se aproxima da visão de Lauret que diz ser espiritual o messianismo de Jesus, no sentido profundo, enquanto ação plena do Espírito de Deus nele.

Lembra que a comunidade primitiva na linha profética, sem identificar a Jesus simplesmente como profeta, desenvolveu duas perspectivas cristológicas fundamentais: a concepção e o batismo. Nessas, a messianidade de Jesus e sua relação com Deus são interpretadas numa perspectiva pneumatológica. Em ambos os casos, Jesus se define a partir do Espírito. Enfim, no batismo "Deus constitui Jesus como seu Filho através de sua palavra e o unge e capacita para

---

81. Pikaza, *El Espíritu Santo y Jesús*, p. 45.

realizar sua ação messiânica". Na concepção "a existência mesma de Jesus aparece como expressão e consequência da força de Deus que é o espírito"[82].

Segundo Pikaza, é necessário então afirmar a complementaridade entre *Filioque* e *Spirituque*, pois fazer uma cristologia que não seja pneumatológica leva a um messianismo político, e uma pneumatologia que não seja cristológica leva a um misticismo extramundano[83].

Em síntese, o estudo do messianismo no âmbito cristão tem uma história semelhante à do Evangelho de Marcos. Em determinados momentos se redescobre sua importância, mas geralmente é deixado em segundo plano ou esquecido em detrimento de outros temas. Na atualidade é tratado de modo discreto. Prova disso é a ausência ou pouca importância dada ao tema nas obras cristológicas de grandes autores como Joseph Moingt, José Ignacio González Faus, Walter Kasper, entre outros.

No entanto, entre os que descobriram a importância do messianismo sucedeu-se uma reorientação da reflexão e o messianismo encontrou um bom desenvolvimento. Pela exigência de delimitar a pesquisa estudamos especialmente a reflexão de dois teólogos dominicanos, Christian Duquoc e Bernard Lauret, uma vez que estes autores se dedicam ao tema. Pelo mesmo motivo optamos por não estudar detalhadamente a reflexão de Jürgen Moltmann, e apenas pontuamos sua orientação cristológica em dimensões messiânicas.

---

82. Pikaza, *El Espíritu Santo y Jesús*, p. 47.
83. Pikaza, *El Espíritu Santo y Jesús*, p. 60.

As novas propostas de reflexão cristológica tendem para uma orientação que muda a lógica mesma de pensar o Cristo, portanto a mudança também se opera na compreensão de Deus e do homem. Por isso consideramos, primeiro, as estruturas ou caminhos do discurso cristológico: descendente, ascendente e messiânico. Os dois primeiros obedecem a uma lógica espaço-temporal (cronológica).

O primeiro esquema nos obriga a pensar Jesus e nossa relação com ele a partir da ontologia, de modo estático. Ficamos com a impressão de tratarmos de algo distante e que não nos alcança. O segundo resgata a proximidade da pessoa de Jesus conosco, pois inicia a aproximação ao Verbo encarnado a partir de sua existência concreta, mas tem o limite de não fazer bem a passagem para o Verbo eterno, o Filho. A vida de Jesus Cristo como revelação de Deus não aparece em sua completude: intui-se um antes e um depois da ressurreição não facilmente explicáveis.

O esquema que denomino messiânico, seguindo a intuição de Lauret, busca respeitar o percurso anterior ressaltando outros aspectos. Não se entende como direção, não é de cima ou de baixo, nem do começo ou do fim, mas de princípio e fim de uma relação. Isto significa que necessitamos partir da nossa história com Deus, consignada na Escritura, e que se desenvolve a partir da noção de aliança. Por isso o denominamos como *kairológico*. Nossa reflexão tem necessariamente que partir do relato para articularmos história e fé.

Só assim é possível pensar a confissão de fé pós-pascal sem que o acontecimento único da ressurreição seja considerado um hiato na história e no tempo. Se vincularmos a reflexão nos relatos que a fundamentam, a ressurreição de

Jesus aparece como o que realmente é: testemunho da ação de Deus na história. Porque Jesus ressuscitou sabemos que toda sua existência foi revelação de Deus. A ressurreição marca, assim, a autenticação da messianidade de Jesus.

A partir da confissão na messianidade de Jesus se chega ao dado, tão caro à cristologia clássica, da filiação divina de Jesus. Esse só foi confessado Filho porque antes foi reconhecido como Messias. Basicamente é esse o ponto de partida de Lauret para propor uma cristologia que valorize a Escritura e corrija ou supra algumas lacunas das perspectivas anteriores.

Do mesmo modo que o evangelista Marcos, Duquoc pretende fazer uma hermenêutica do messianismo. Marcos, com sua narrativa, marca a diferença entre o messianismo de Jesus e o messianismo nacional-político judaico ao desvelar o caráter messiânico da vida de Jesus. O caráter messiânico se demonstra no destino histórico de Jesus. Em seus milagres e exorcismos manifesta a libertação prometida e esperada no tempo messiânico. A realização das promessas messiânicas se dá através da cruz, portanto de modo inesperado. Marcos afirma a messianidade de Jesus para, em seguida, revelar o modo singular desse messianismo.

Duquoc deseja igualmente registrar a distinção do messianismo de Jesus, e nesse intento propõe o antimessianismo terreno de Jesus. O teólogo assegura a messianidade pelo Ressuscitado e responde já à possível crítica de uma dicotomia entre Ressuscitado e Crucificado ao assinalar que o messianismo do Ressuscitado não é distinto do messianismo do Crucificado. É o messianismo do Servo.

Tal pensamento é normalmente designado como paradoxal, mas nos parece contraditório. Como afirmar um "antimessianismo"[84], isto é, uma "vida não messiânica" e em seguida afirmar uma continuidade do messianismo do Crucificado e do Ressuscitado? Como se pode confessar que Jesus é o messias sem que se encontre em sua vida algo que possibilite uma confissão como essa? Certamente o Crucificado e o Ressuscitado são um e o mesmo, mas soa estranha uma messianidade que só existe a partir do Ressuscitado[85].

Duquoc intui o papel do messianismo e do Espírito em sua cristologia, porém não desenvolve muito o caráter teológico do messianismo em vista de seus interlocutores diretos. Sua reflexão acentua, visando corrigir, o aspecto político do messianismo. O objetivo do autor é claro, mas nos parece inaceitável a insistência em negar o caráter messiânico à vida terrena de Jesus. A intenção do autor é simplesmente afirmar a singularidade do messianismo de Jesus, que é o messianismo do Servo, da cruz, e não da vitória e da exaltação. Por isso não compreendemos por que é necessário, para tal afirmação, falar de antimessianismo, de uma constituição do Messias na Ressurreição e de uma destruição da figura do messias. O teólogo visualiza apenas um modelo de messias, o nacional, mas há outras figuras de messias. O evangelista Marcos reinterpretou o messianismo de Jesus sem negar, nem mesmo formalmente, a afirmação central de que Jesus é o Messias, o enviado inaudito de Deus que inaugura o Reino messiânico. A debilidade do pensamento de Duquoc não passou despercebida a Bernard Lauret.

---

84. Ver o ponto "Duquoc e o antimessianismo" na p. 78 de nosso estudo.
85. Duquoc, *Cristologia: o Messias*, p. 237.

Enfim, pensar a cristologia em via messiânica é pensar a ação de Deus na história pessoal de Jesus pelo Espírito, e a partir Dele na nossa própria vida. Por isso fazemos uma pequena consideração sobre as "cristologias do Espírito". Percebemos a íntima conexão entre o discurso cristológico, que parte da ação do Espírito de Deus em Jesus, e um discurso messiânico do Cristo. Não existe messias sem Espírito de Deus, e o messias é reconhecido pela presença plena do Espírito. Cremos que falar de cristologias do Espírito não é senão outro modo de falar de "cristologia messiânica". Um dos distintivos dessas abordagens é a valorização da Escritura como expressão máxima de uma experiência de fé em uma pessoa concreta.

Conclusão

O papa Bento XVI, na Mensagem para XXVI Jornada Mundial da Juventude 2011[1], lembra aos jovens cristãos que nossa fé é a adesão à pessoa de Jesus Cristo e não a um conjunto de verdades absolutas. Tal afirmação, além de verdadeira, toca dois pontos fundamentais e que merecem aprofundamento: a centralidade de nossa fé na pessoa de Jesus Cristo e "as verdades de fé". A afirmação pode parecer evidente, contudo objetivamente há a necessidade de marcá-la. Não há dúvida de que a fé cristã é a fé na pessoa de Jesus Cristo, mas quem é ele? Sua identidade não é um dado evidente para a maior parte dos cristãos que estão às voltas com falsas imagens de Deus e de Cristo.

Mirando a realidade eclesial em sua configuração atual, percebemos uma crise de identidade que tem como consequências desde o abandono maciço das igrejas cris-

---

1. Bento XVI fala aos jovens cristãos do mundo inteiro sobre o conhecimento de nossa fé tendo como base a citação de São Paulo «*Enraizados e edificados n'Ele… firmes na fé*» (*cf. Cl 2, 7*). <https://www.vatican.va/content/benedict-xvi/pt/messages/youth/documents/hf_ben-xvi_mes_20100806_youth.html>. Acesso em 30 ago. 2023.

tãs às configurações estranhas ao universo cristão. Não podemos seguir a quem não conhecemos, uma vez que isso implica uma adesão incondicional.

Por um lado, sabemos que a fé cristã é uma experiência com o Cristo crucificado e ressuscitado. Fazer a experiência com a pessoa de Jesus Cristo só é possível pela memória celebrativa da Igreja enquanto testemunha a experiência vivida com o Cristo. Por outro lado, percebemos que a incompreensão da fé leva a concebê-la como conjunto de "verdades absolutas".

Entretanto, as afirmações dogmáticas não são imposições à fidelidade crente, mas o resultado do caminho percorrido pelos cristãos na tentativa incansável de explicitar sua experiência com Deus. A explicitação não se faz senão em linguagem humana e essa é limitada para falar da realidade divina. Não devemos, por isso, abandonar o intento, mas o limite nos convida a adotar uma atitude mais humilde no processo de dizer Deus.

A questão que se coloca é sempre a da identidade. Só saberemos quem somos se soubermos quem é Jesus, e por isso nos perguntamos por sua identidade: quem é este? Ele é o messias. Nossa tentativa de reconhecimento da pessoa de Jesus se inicia com a afirmação de sua messianidade. Contudo não desejamos fazer uma messianologia, mas uma cristologia messiânica.

Na atualidade verificamos várias imagens de Jesus, desde o revolucionário zelota ao espiritualista. Mas quem realmente é Jesus e que vínculo existe entre ele e nós? Buscamos respostas a essas questões ouvindo as primeiras testemunhas e relacionando-as com os últimos intentos da reflexão cristológica. Elegemos o Evangelho de Marcos e dois autores modernos, Duquoc e Lauret, por darem atenção ao messianismo.

O evangelista Marcos, em sua obra cheia de tensões, vai desconstruindo antigas certezas, edifícios sólidos. Com isso abre caminho para uma compreensão de Deus e de seu enviado de modo bem distinto. Inaugura uma nova forma de compreender a relação entre Deus e o homem e, sobretudo, o novo modo do "revelar-se" de Deus. Sua narrativa sobre a pessoa de Jesus vai dando forma ao messias, não mais o esperado, mas o diferente.

A primeira afirmação que temos a respeito de Jesus é que foi confessado messias. A partir desse dado, pensamos sua pessoa e sua relação conosco. No primeiro capítulo de nosso livro abordamos a vida terrena de Jesus seguindo o testemunho marcano, buscando os vestígios do messias. No Evangelho de Marcos não é possível perceber o processo de reconhecimento do messias sem a consideração ampla do escrito que se organiza ao redor do tema teológico do "segredo".

O segredo messiânico possibilita pensar Jesus Messias segundo uma messianidade desconcertante. Na ação e no ensinamento de Jesus se desvela pouco a pouco o caráter messiânico, pois a vida de Jesus "marca a intervenção de Deus em vista da libertação de toda opressão"[2].

A revelação processual da messianidade de Jesus no relato evangélico não se faz senão de forma enigmática. O paradoxo que perpassa a confissão de fé em Jesus Cristo possibilitou um longo desenvolvimento cristológico com acen-

---

2. LAURET, Cristología dogmática, p. 325.

tos em alguns dados da revelação. Foi o caso da cristologia do *Logos* centrada na encarnação e nos títulos honoríficos, todos ancorados na divindade do Filho, Verbo eterno.

Duquoc, entre outros autores, marca uma reviravolta ao aplicar os títulos ao homem Jesus. Em sua cristologia inverte a lógica e inicia pelos eventos da vida do Cristo para chegar ao Filho. Com isso volta ao marco da experiência com a humanidade de Jesus.

A messianidade de Jesus é demarcada no Evangelho de Marcos sobretudo pelas teofanias. Nelas, como na reflexão de Duquoc, o tema da filiação divina de Jesus é marcante. Mas é necessário assinalar que a afirmação da filiação divina de Jesus tem sua razão de ser na confissão de sua messianidade. É como Messias e Filho que Jesus é revelação de Deus e de sua ação no mundo pelo Espírito. É porque é pleno do Espírito que ele é reconhecido e confessado messias, e é também como messias que é reconhecido Filho de Deus. Messianidade e filiação se implicam na pessoa de Jesus.

No segundo capítulo, buscamos explorar o que é típico do messianismo de Jesus: o sofrimento. A cruz aparece como o distintivo do messianismo cristão. No retorno à visão neotestamentária do messianismo, tal como configurado por Jesus, nos damos conta que o conceito mesmo de messianismo é re-significado pela vida de Jesus e assumido pela comunidade primitiva.

Contudo o conceito é amplamente manuseado na atualidade em sua vertente mais política, herdada do judaísmo. Verificamos esse dado nos movimentos políticos e religiosos abordados por alguns autores, como Solano Rossi, Laplantine, Coppens, Ellacuría e Sobrino.

Conclusão

O messianismo de Jesus tira do conceito mesmo o caráter de vitória, no sentido de exaltação e triunfo. Jesus é messias como Filho do Homem entregue, como servo. Seu messianismo é o da cruz. Pensamos não fazer sentido falar de antimessianismo, como propõe Duquoc, pois Jesus não recusa sua função. Sua reticência no uso do título consiste na recusa do engessamento do modelo. Jesus exerce seu messianismo na liberdade de Filho de Deus.

Duquoc se preocupa demasiadamente com o aspecto político do messianismo, e isso sobrecarrega sua reflexão. A maior dificuldade na avaliação de seu pensamento sobre o tema se encontra em sua insistência em provar o antimessianismo de Jesus, quando na verdade sua intenção é apenas corrigir esse acento na figura do restaurador nacional e político. Prende-se tanto a essa correção que deixa de explorar o aspecto realmente teológico do messianismo de Jesus.

A cruz retira do messianismo a ideia amplamente difundida de um messias vitorioso e restaurador político. Certamente o messianismo de Jesus também tem implicações políticas, mas o fato de morrer na cruz não representa um fracasso do messias e sim o ápice de um messianismo diferente das expectativas vigentes.

Após a demarcação da singularidade do messianismo de Jesus nos perguntamos que lugar o messianismo ocupa hoje na reflexão teológica, e portanto na cristologia. No terceiro capítulo nos detivemos nas construções do discurso cristológico para perceber onde e como nossa temática se insere e se articula com os dados dogmáticos mais desenvolvidos sobre o Cristo.

Analisamos os caminhos de reflexão e seguimos a proposta de Lauret visando resgatar o importante dado da

Escritura: a confissão de fé na messianidade de Jesus como ponto de partida para a reflexão sobre a identidade de Jesus, Filho de Deus. Com sua proposta Lauret alcança uma revalorização da Escritura e da experiência trinitária que está na base de nossa fé: Deus age em nossa história pelo Filho, no Espírito.

Nessa ação de Deus reside o messianismo, uma vez que messianismo é um modo de viver na esperança do cumprimento da promessa divina de salvação. Vivemos o "já" e o "ainda não" dessa promessa. Já, porque o Reino de Deus foi inaugurado pelo messias Jesus, mas ainda vivemos na esperança de sua plenitude.

O messianismo foi esquecido ou pouco considerado em vários momentos da reflexão cristológica porque se pensou que, com a vinda do messias Jesus e seu cumprimento, ele havia abolido o messianismo. Jesus não abole o messianismo, não o suprime, leva-o à plenificação.

Compreender o messianismo distinto e surpreendente de Jesus implica aceitar também o caráter de promessa que ele porta. Reconhecer o lugar do messianismo na fé cristã e não apenas o título de messias (Cristo) significa que vivemos na esperança. Com isso abrimos espaço para outro dado da fé, constantemente esquecido: a Parusia. Essa temática merece certamente uma consideração porque aguardar a vinda de Jesus é reconhecer que nosso messias está ainda vindo. Messias é o que há de vir. Assim, parafraseando o Apocalipse, Jesus veio, vem e virá.

Referências

AGAMBEN, Giorgio. *El tiempo que resta. Comentario a la carta a los Romanos*. Madrid: Trotta, 2006.

BAUER, Johannes Baptist. *Dicionário bíblico-teológico*. São Paulo: Loyola, 2000.

BÍBLIA de Jerusalém. São Paulo: Paulus, 1995.

CABA, José. *El Jesús de los evangelios*. Madrid: BAC, 1977.

_____. *Resucitó Cristo, mi esperanza:* estudio exegético. Madrid: BAC, 1986.

COPPENS Joseph. "L'attente messianique de Israël". In: COPPENS Joseph; DUQUOC Christian; LAPLANTINE François. "Messianisme". *Catholicisme Catholicisme hier, aujourd'hui, demain*. Paris: Letouzey, 1980, v. 9.

CULLMANN, Oscar. *Christologie du Nouveau Testament*. Neuchatel: Delachaux & Niestle, 1966.

DEL AGUA PEREZ, Agustín. El procedimiento derásico que configura el relato del bautismo de Jesús (Mc 1,9-11). In: MUÑOZ LEÓN, Domingo (ed.). *Salvación en la Palabra:* Targum, Derash, Berith. En memoria del profesor Alejandro Díez Macho. Madrid: Cristiandad, 1986.

DELORME, Jean. "Resurrección y tumba de Jesús: Mc 16,1-8 en la tradición evangélica", *Selecciones de Teología*, v. 9 n. 33, 1970, p. 119-130.

_____. *El Evangelio según San Marcos*. Estella: Verbo Divino, 1990.

_____. *Leitura do Evangelho de Marcos*. São Paulo: Paulus, 1982.

_____. *Parole et récit évangéliques: Études sur l'évangile de Marc*. Paris: Cerf, 2006 (Lectio divina, 209).

DODD, Charles Harold. *El fundador del cristianismo*. Barcelona: Editorial Herder, 1977.

DORÉ, Joseph. "Creer en la resurrección de Jesucristo", *Selecciones de Teología*, v. 22 n. 86, 1983, p. 83-92.

DUPUY, Bernard."El messianismo". In: LAURET, Bernard; REFOULÉ, François. *Iniciación a la práctica de la teología*. Tomo II, Madrid: Cristiandad, 1984, p. 89-134.

DUQUOC, Christian. "Messianisme de Jésus". In: COPPENS, Joseph; DUQUOC, Christian; LAPLANTINE, François. "Messianisme". *Catholicisme hier, aujourd'hui, demain*. Paris: Letouzey, 1980, v. 9.

_____. *Cristologia: ensaio dogmático: o homem Jesus*. São Paulo: Loyola, 1977.

_____. *Cristologia:* ensaio dogmático: o Messias. São Paulo: Loyola, 1980.

_____. *Jesús, hombre libre:* esbozo de una cristología. Salamanca: Sígueme, 1976.

_____. *Mesianismo de Jesús y discreción de Dios:* Ensayo sobre los límites de la cristología. Madrid: Cristiandad, 1985.

ELLACURÍA, Ignácio. "Dimensión política del mesianismo de Jesús", <https://www.mercaba.org/FICHAS/Teologia_latina/dimension_politica_mesianismo.htm>. Acesso em 30 ago. 2023.

FABRY, Heiz-Josef; SCHOLTISSEK Klaus. *O Messias*. São Paulo: Loyola, 2008.

FLUSSER, David. *Jesus*. São Paulo: Perspectiva, 2002.

FOCANT, Camille. "Un silence que fait parler –Mc 16,8". In: FOCANT, Camille. *Marc, un évanfile étonnant*: recueil d'essais. Paris: Leuven University Press, 2006.

HOUAISS, Antônio. *Dicionário Houaiss da Língua Portuguesa*. Rio de Janeiro: Objetiva, 2001.

JEREMIAS, Joachim. *Teología del Nuevo Testamento* I: la predicación de Jesús. Salamanca: Sígueme, 1974.

KNOHL, Israel. *El mesías antes de Jésus: El Siervo sufriente de los manuscritos del Mar Muerto*. Madrid: Trotta, 2004 (Biblioteca de ciencias bíblicas y orientales, 8).

KÜMMEL, Werner Georg. *Introdução ao Novo Testamento*. São Paulo: Paulinas, 1982 (Nova Coleção Bíblica).

LADARIA, Luis F. "La unción de Jesús y el don del Espíritu", *Gregorianum*, v. 71, n. 3, 1990, p. 547-571.

LAPLANTINE, François. "Les messianismes politico-religieux". In: COPPENS, Joseph; DUQUOC, Christian; LAPLANTINE, François. "Messianisme". *Catholicisme Catholicisme hier, aujourd'hui, demain*. Paris: Letouzey, 1980, v. 9.

LAURET, Bernard. "Christologie et messianisme", *Lumière et Vie*, 196, 1990, p.

_____. "Cristología dogmática". In: LAURET, Bernard; REFOULÉ, François. *Iniciación a la práctica de la teología*. Tomo II, Madrid: Cristiandad, 1984, p. 247-407.

_____. "Le messianisme de Jésus: la contribution de Christian Duquoc", *Revue des Sciences Philosophiques et Theologiques*, v. 92 n. 4, 2008, p. 737-752.

_____. "Le messianisme de Jésus: la contribution de Christian Duquoc". *Revue des Sciences Philosophiques et Theologiques*, v. 92 n. 4, 2008, p. 737-752.

_____. "Messianisme et christologie sont-ils compatibles?" In: DUPUY, Bernard. *Juifs et chrétiens: un vis-à-vis permanent*. Bruxelles: Facultés Saint-Louis, 1988.

LUZARRAGA, Jesús. *Las tradiciones de la nube en la Biblia y en el judaísmo primitivo*. Rome: Biblical Institute Press, 1973.

MADONIA, Nicolò. *Cristo siempre vivo en el Espíritu*. Fundamentos de cristología pneumatológica. Salamanca: Secretariado Trinitario, 2006.

MCKENZIE, John L. *Dicionário bíblico*. São Paulo: Paulus, 1983.

MINETTE DE TILLESSE, George. "Evangelho segundo Marcos: Análise estrutural e teológica", *Revista Bíblica Brasileira*, v. 9 n. 1-2, 1992.

_____. "Evangelho segundo Marcos", *Revista Bíblica Brasileira*, v. 5 n. 4, 1988.

_____. *Le secret messianique dans l'évangile de Marc*. Paris: Cerf, 1968.

MOLTMANN, Jürgen. *O Caminho de Jesus Cristo:* cristologia em dimensões messiânicas. Petrópolis: Vozes, 1993.

Mowinckel, Sigmund. *El que ha de venir:* mesianismo y mesías. Madrid: Fax, 1975.

Perrot, Charles. *Jesús y la historia*. Madrid: Cristiandad, 1982.

Pesch, Rudolf. *Il Vangelo di Marco:* introduzione e commento ai cap 1,1–8,26. Brescia: Paideia, 1980 (Comentario teologico del Nuovo Testamento, 2).

Pikaza, Xabier. *El Espíritu Santo y Jesús:* Delimitación del Espíritu Santo y relaciones entre Pneumatología y Cristología. Salamanca: Secretariado Trinitario, 1982.

_____. *Éste es el hombre:* Manual de Cristología. Salamanca: Secretariado Trinitario,1997.

Rodríguez Carmona, António. "Evangelho segundo Marcos". In: Aguirre Monasterio, Rafael; _____. *Evangelhos sinóticos e Atos dos Apóstolos*. São Paulo: Ave Maria, 2004.

Scardelai, Donizete. *Movimentos messiânicos no tempo de Jesus*. São Paulo: Paulus, 1998.

Schoonenberg, Piet. "Cristo, el logos y el Espíritu hacia una cristología más entroncada con la Trinidad", *Selecciones de Teología*, v. 17, n. 68, 1978, p. 268-283.

Sobrino, Jon. "Mesías y mesianismos: reflexiones desde El Salvador", *Concilium* 246, 1993, p. 159-170.

_____. *A fé em Jesus Cristo:* ensaio a partir das vítimas. Petrópolis: Vozes, 2000.

Solano Rossi, Luiz Alexandre. *Messianismo e Modernidade: repensando o messianismo a partir das vítimas*. São Paulo: Paulus, 2002.

Theissen, Gerd. *A religião dos primeiros cristãos:* Uma teoria do cristianismo primitivo. São Paulo: Paulinas, 2009.

Vanhoye, Albert. Las diversas perspectivas de los cuatro relatos evangélicos de la pasión. Publicado originalmente in: revista *Criterio*, n. 1616 (1971). Disponível em: <https://servicioskoinonia.org/relat/218.htm>. Acesso em 30 ago. 2023.

Edições Loyola

editoração impressão acabamento

Rua 1822 n° 341 – Ipiranga
04216-000 São Paulo, SP
T 55 11 3385 8500/8501, 2063 4275
www.loyola.com.br